心理カウンセラーに
なりたいあなたへ
仕事と資格がよくわかる本

一般社団法人国際心理支援協会
浅井 伸彦 著

秀和システム

はじめに

心理カウンセラーに興味を持ったあなたへ

　本書を手にとっていただき、ありがとうございます。公認心理師(国家資格)、臨床心理士(最も有名な心理学関係の民間資格)の資格で心理カウンセラーをしている浅井伸彦と申します。本書を読まれている方は、当然ながら「心理カウンセラー」という職業・職種に興味をお持ちの方でしょう。

　心理カウンセラーはとても魅力的な仕事です。さまざまなところ(保健医療、教育、福祉、産業・労働、司法・犯罪といった分野)で働ける可能性があり、私設相談室を開業する選択肢もあります。また、ひとのこころや人間関係という深遠なものについて学び、それを生業としていくことにはなんともいえない魅力があります。

　働き方についても、常勤・非常勤などのさまざまな選択肢から選び、自分の生活スタイルにあった形で働き続けることも可能です。たとえば、スクールカウンセラーは、1時間あたり約5,000円としている自治体が多く、夏休みや冬休みなどの長期休みは学校が休みのため、仕事がありません。その間の収入は減りますが、お子さんがいらっしゃる場合は、休暇中にお仕事がないのは助かるという方もおられるでしょう。

　とはいえ、心理カウンセラーという仕事はこのようにポジティブな面ばかりではありません。上のような魅力がある一方で、全体的な業界の収入は高くないのが現状です。これは「公認心理師」という、心理系で初めての国家資格が2019年にようやくできたばかり(公認心理師法という法律自体は2017年に施行されましたが)という事情にも絡んでいます。

　公認心理師の資格ができる前も、1988年から臨床心理士資格が少しずつその存在感を示してきましたが、日本における心理カウンセラーの地位としてはまだ決して高いものではありません。公認心理師や臨床心理士をご存知ない方もたくさんいらっしゃるでしょう。

　このように、ポジティブな面・ネガティブな面の両方がありつつも、公認心理師や臨床心理士、それ以外の資格の違いについて、またそれらの資格にかかわって、今後の活躍が期待される心理カウンセラーへのなり方について、本書で紹介していきたいと思います。

2024年2月吉日

一般社団法人国際心理支援協会　浅井伸彦

第4章　心理カウンセラーになる方法と資格について

第5章　心理カウンセラーの実際の仕事について

第6章　心理カウンセラーのキャリアプラン

巻末資料

COLUMN

監修　野田哲朗(東布施野田クリニック理事長・院長)

第1章

「心理カウンセラー」とは
何か?

心理カウンセラーとは

カウンセラーとは「こころの支援をする人」

　心理カウンセラー（以下、カウンセラー）とは、**こころの悩みについて相談に乗ることを生業とする仕事**です。一般的には単に「カウンセラー(counselor)」「セラピスト(therapist)＊」とも呼ばれています。

　そもそも「カウンセリング(counseling)」とは、「相談」という意味の英語なので、「カウンセリング」や「カウンセラー」という言葉自体は、美容院やコスメ売り場、フィットネスなど、さまざまな場所でなんらかの相談をする際によく使われています。本書で「カウンセリング」という場合に関しては、「心理カウンセリング（以下、カウンセリング）」と呼ばれる"こころの悩み"について相談することを指すものとします。

＊ **セラピスト(therapist)**　心理療法士(psychotherapist) の意味で使用

　ちなみに、(心理)カウンセリングと(心理)カウンセラーという２つの言葉も混同されがちですが、心理カウンセリングとは「こころの悩みについてのカウンセリング(相談)そのもの」のこと、心理カウンセラーとは「こころの悩みについてのカウンセリング(相談)をする人」のことです。

　カウンセラーの働く場所は、後にも詳しく紹介しますが、保健医療分野、教育分野、福祉分野、産業・労働分野、司法・犯罪分野、私設相談(開業)分野と多岐にわたります。全ての人にはこころがあることから、**人のいる分野全てが心理にかかわる分野**ということになります。

　ただ、こころにかかわるとはいっても、その「こころの支援(心理支援)」をどの程度行うかということは、分野や地域、職場などによって大きく異なってくるかと思われますので、今後、カウンセラーやカウンセリングに関する認知が進んでいけば、職域はさらに広がっていくのではないかと考えられます。

カウンセラーとして働く人々

　いま、日本でカウンセラーとして働いている人はどのくらいいるのでしょうか？
　実は**「心理カウンセラー」という資格はありません**。「公認心理師」という国家資格のほか、「臨床心理士」「認定心理士」「産業カウンセラー」といったさまざまな民間資格があり、そうした資格を持って働く人を総称して「カウンセラー」と呼ぶことが多いです。

　カウンセラーのあり方はさまざまなので、正確な人数を把握することは難しいのですが、公認心理師は2024年2月時点で国内に約7万人の資格保有者がいます。男女比は女性が約7〜8割、男性が約2割強と、女性の割合が多いです。
　「相手の話を傾聴し、寄り添う」というカウンセラーの性質上、共感を得意とすると思われる女性のほうが多いというのはあるかもしれません。

心理カウンセラーの役割

カウンセラーに必要なこと

　ひとくちにカウンセラーの役割を述べるのは難しいですが、一般的にいわれることとしては、「**相談者(クライエント**[*]**)の話に耳を傾け、受容し、共感することで、クライエントの自己成長力を促し、クライエントが自ら問題を乗り越えていけるように伴走していく**」というものでしょうか。

カウンセラーは、クライエントが自身の力で課題を解決する手助けをします

---

[*] **クライエント(client)**　顧客のこと。カウンセリングでは、「カウンセラー(あるいはセラピスト)」と「クライエント」という呼び方をする。医療機関でのカウンセリングでは「医師」「患者」と呼ぶことも多いが、医師がかかわらない現場では「クライエント」と呼ぶ。

カウンセラーは、「クライエントの話をただ聴いているだけ」と思われることも少なくありません。それは、19世紀アメリカの臨床心理学者カール・ロジャーズの**クライエント中心療法**(いまは、**パーソンセンタード・アプローチ**とも)の考え方が日本に入ってきたことに由来していると考えられます。ちなみに、カウンセリング内で行われる心理療法は数多くあり、その数は有名なものだけでも20〜30種類、マイナーなものも含めると数百とも千以上あるともいわれています。

クライエント中心療法も「ただ話を聴いているだけ」ではないのですが、むやみにアドバイスをするのではなく、「**伝え返し**(クライエントの用いた言葉を繰り返すこと、反射ともいう)」をしつつ、傾聴に徹する重要性を説いていることから、入ってきた当時は今よりもさらに誤った捉え方をされがちだったそうです。

ロジャーズは、クライエント中心療法の中で、技法よりも**カウンセラー自身の態度**を重視しました。『セラピーによるパーソナリティ変化の必要にして十分な条件(1957年)』という論文の中で、クライエントのパーソナリティ(人格)が治療的に変化するのに必要な条件として、6つの条件を提示しています。それらのことは、「必要ではあるが、この条件さえ揃っていればそれだけで十分」という意味で、「必要十分条件」などと呼ばれています。

また、その6条件のうち、セラピストがとるべき態度を示している3条件については特に**「中核三条件」**と呼ばれています。

クライエントの治療にあたり、カウンセラーにとって必要な6つの必要十分条件

1．クライエントとセラピストが心理的接触を持っている
2．クライエントは不一致の状態にある(傷つきやすさ、不安の状態)
3．セラピストのクライエントとの関係における一致(自己一致)
4．セラピストがクライエントに対して無条件の積極的関心を経験している
5．セラピストがクライエントの内部的照合枠を共感的に理解する経験をしていて、この経験をクライエントに伝達するように努めている
6．クライエントがセラピストの無条件の積極的関心や共感的理解を最小限度は知覚している

（3〜5：中核三条件）

このように、カウンセラーとは「ただ話を聴くだけ」ではなく、話を聴くことで、**「クライエントとともに心の状態を整理し、クライエント自身が自分に向き合って成長していく手助けをする」**という役割があるのです。

カウンセラーとセラピストの違い

　「カウンセラー」と「セラピスト」という言葉の違いも「カウンセリング」と「心理療法」の違いに準ずるものだと思われます。

　「セラピスト」とは、元々サイコセラピスト（psychotherapist＝心理療法士）の後半部分を用いた名称です。そして、「カウンセラー」とは言わずもがな、カウンセリング（counseling）を行うものという意味の言葉です。

　筆者の主観ではありますが、「セラピスト」という言葉を使う方は臨床心理士に多く、「カウンセラー」という言葉を使う方はそれ以外の心理職、もしくは心理職以外（美容院や化粧品など）が多いように思われます。

　どちらが上とか下とかいうことはありませんが、「○○療法を行うこと」に強く焦点をあてた言葉が「セラピスト」で、「相談すること」に強く焦点をあてた言葉が「カウンセラー」なのではないでしょうか。

カウンセリングと心理療法の違い

カウンセリングと心理療法

　「カウンセリング」と「心理療法」という言葉は、ほぼ同じような意味で使われることが多いといわれています。ですが、ここではあえてもう少し突っ込んだ両者の違いについて考えてみましょう。

　カウンセリングは、職業指導の文脈で使われた「パーソンズ（人名）の指示的なカウンセリング」と、アドバイスは基本的にしない「ロジャーズ（人名）の非指示的なカウンセリング」の間の論争が有名です。今では、ロジャーズの非指示的なカウンセリングのイメージが強いのではないでしょうか。一般の方（心理学を専門的に学んだことのない方）に「カウンセリング」のイメージについて尋ねると、「アドバイスをしない」「よく共感して傾聴する」ということが思いつかれるようです。

　心理面接も、一般的にいわれる「カウンセリング」の意味で使われます。先にお話しした、19世紀のカール・ロジャーズによる**クライエント中心療法**（のちのパーソンセンタード・アプローチ）では、クライエントが自ら成長する力を強く信じており、セラピストが無理にアドバイスしないことが重視されました。

　いっぽう、**心理療法**はどうでしょうか。「心理療法」という言葉は、「カウンセリング」という言葉よりもずっと馴染みが薄く、イメージ自体湧かない方も少なくないようです。なんとなくイメージが湧く方では、「精神分析」や「認知行動療法」というキーワードが出てくるようです。

　心理療法は、症状や解決したい問題に対するアプローチのことで、カウンセリングの中で行われる実践的なアプローチといえます。ちなみに、精神科医療で行われる心理療法は精神療法と呼ばれたり表記されたりしています。

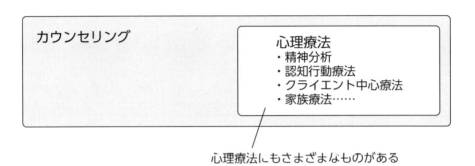

カウンセリングと心理療法

心理療法にもさまざまなものがある

最初の心理療法として押さえておきたいものに、ジグムント・フロイトの**「精神分析」**があります。精神分析では、寝椅子に横たわったクライエントが自由に連想して出てくる言葉やイメージを、セラピストが解釈して直面化させることで、クライエントのカタルシス（浄化）を促すということを重視しました。元々の精神分析は週4回以上行う時間のかかるものだったため、現在では寝椅子を使わず、週1回程度で行う精神分析的心理療法が主流となっています。

その後、元々精神分析を行っていたアーロン・ベックが始めた「認知療法」と、精神分析は非科学的であるとし、科学的であることを求めた「行動療法」が合流して**「認知行動療法」**ができました。2010年には、認知行動療法の診療報酬が（医師や看護師が行った場合のみ）算定できるようになりました。現在では、認知行動療法は「マインドフルネス」と呼ばれる第3の潮流※がきています。

実際には、「カウンセリング」も「心理療法」も混同して使われたり、偏った意味合いで理解されている部分もあります。筆者個人の意見としては、「カウンセリング」は、ロジャーズの非指示的なカウンセリング（クライエント中心療法）の態度を基にした**相談そのもの**を指し、「心理療法」はロジャーズのクライエント中心療法やフロイトの精神分析、ベックから始まる認知行動療法を含めた数多くの**心理に何らかの影響を与える療法**全てを指す、と考えるとよいかと思います。

カウンセリングにおいて行われる心理療法は、19世紀に始まった精神分析から時代の流れを経て、どんどん増えていっています。まだまだ日本では遅れている

※ 第1の潮流は、認知療法や行動療法。第2の潮流は認知行動療法。

ことから、比較的新しい心理療法を行う臨床心理士はごく少数ですが、公認心理師という国家資格ができたことから、よりアメリカで行われているような新しい心理療法も取り入れていき、発展させ、国民に知らせていく責務があるように思われます。

　最近では、精神分析やクライエント中心療法、認知行動療法などの代表的な心理療法のほか、トラウマ治療(トラウマセラピー)と呼ばれる心理療法の一群も注目されてきています。精神分析でも「トラウマ」を扱ってきたと考えられますが、持続化曝露療法(PE)やEMDR(眼球運動による脱感作及び再処理法)、Somatic Experiencing®(SE™)をはじめとする、からだからこころにアプローチする方法が多く生まれてきたことで、ターゲットとしたトラウマ記憶による症状を、短期間のうちに効果的に和らげたり無くしたりできることが増加しました。虐待やいじめ、戦争体験や性被害など、壮絶な長期にわたる体験の場合は、時間がかかったり難しい場合が多いですが、以前よりも希望が見えてきています。

　とはいえ、トラウマになるような出来事は千差万別。しかも同じ出来事を経験したとしても、それがトラウマになるかどうかも人によって違いますし、どんな症状となって出てくるかも人によって異なります。このようにトラウマ自体が多様なこともあり、トラウマセラピーは非常に難解なので、まだ専門家はそんなに多くありませんが、これからの更なる発展が期待されます。国内外で有名かつ有用な心理療法やトラウマセラピーについては、次のページの表でまとめてあります。こちらもぜひ参考にしてみてください。

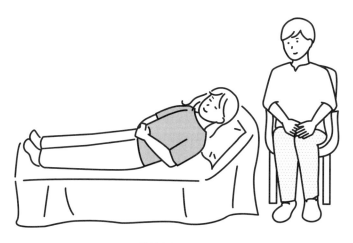

精神分析のイメージ

参考　国内外で有名な心理療法

心理療法の名称	概要
精神分析	心理療法の祖とされる、ジグムント・フロイトが創始した心理療法。患者(クライエント)はカウチ(寝椅子)に横たわり、自由連想法によって、自由に思い浮かんだことに分析家が解釈を加えていく。週4日以上の面接が必要で、現在は行われることが多いとはいえない。
精神分析的心理療法	精神分析を対面の形で、週1日で施行可能に変えたもの。フロイトの行っていたものをできるだけ忠実に引き継ごうとしているものから、フロイトの弟子たちが開発した様々なものまでがある(新フロイト派、対象関係論学派、自我心理学派など)。
ユング派心理療法 (分析心理学)	フロイトに学んだ後, 袂を分かったユングによって創始された心理療法。イメージや夢など、言語化しないで非言語のまま扱うことを重要とする。
行動療法	罰と報酬によって行動の統制(コントロール)を行い、曖昧な「こころ」ではなく、行動修正から精神疾患の治療を試みるもの。
認知療法	「認知の歪み」を仮定し、コラム法(認知再構成法)などの方法で認知を修正していくことによって、うつ病など精神疾患の治療を試みるもの。
認知行動療法	認知療法と行動療法を適宜組み合わせたり、両方の要素を融合させるなどし、できる限り科学的根拠(エビデンス)のある治療を提供しようと試みるもの。
クライエント中心療法/ パーソンセンタード・ アプローチ	ロジャーズによる心理療法、セラピストの基本的態度のもとを提供するもの。「いま、ここで」のその人らしさを尊重し、セラピストはアドバイスなどを積極的に行わず、共感的態度でクライエントの言葉・感情を受容し、純粋性を持って傾聴していくことで、クライエントの持つ実現傾向(成長の可能性)を支えるもの。いわゆる「カウンセリング」の基本的態度はここからきている。
ゲシュタルト療法	パールズによって創始された「いま、ここで」の気づきを得ることで人間性の成長を試みる心理療法。
家族療法	個人の心理的問題ではなく、家族や職場、学校などの対人関係のコミュニケーションに注目し、悪循環を切断していくことや良い循環を生成するなどパターンを変えることで、問題を下支えしていたコミュニケーションを変化させる心理療法。必ずしも家族全員が来る必要はなく、家族成員1名とでも面接は可能。
解決志向アプローチ	従来考えられていた「どうすれば問題はなくなるか」という考え方ではなく、「どうすれば解決は構築できるか」「どうすれば問題のない例外を増やせるか」について考えることで、短期の解決を導く心理療法。

ナラティヴセラピー	これまでクライエントを縛っていた「問題に支配された物語」をクライエントが希望を持てるような「代替可能な物語」へと、セラピストがクライエントと一緒に対話の中で紡ぎ直していく心理療法。
コラボレイティヴ・アプローチ	ナラティヴセラピーより、さらに専門家が専門家としての立場から離れ、クライエントがセラピストとの対話を通して、主体的に問題とされているものの主観的事実を、もう一方の主観的事実へと紡ぎ直していくことを支える心理療法。
NLP（神経言語プログラミング）	現代催眠のミルトン・エリクソン、家族療法のサティア、ゲシュタルト療法のパールズが面接で行っていたエッセンスを集め、ひとつの手法としたもの。
遊戯療法	言語表現が難しい子どものクライエントに対して、自由連想の代わりに、遊びを通して浄化できるようにする心理療法。
箱庭療法	箱庭と呼ばれる砂を敷き詰められた箱の中に、思い思いのミニチュアを置いていくことによって、自分の世界観を表現することから浄化できるようにする心理療法。
森田療法	「あるがまま」を重視し、何もしない期間（絶対臥褥期）から軽作業期、作業期と、徐々に負荷を増やしていくことによって、精神的「とらわれ」からの解放を目指す心理療法。
内観療法	「してもらったこと」「して返したこと」「迷惑をかけたこと」を集中的に考えることを、宿泊の形や日常生活において毎日行うことで、自己や他者への信頼感などを高め、生活に適応できるようにしていく心理療法。
臨床動作法	動作を通して、精神状態を改善していくことも目指す心理療法。元々催眠から生まれたが、催眠の要素は取り除かれて開発された。
催眠療法	被暗示性を亢進させることで、心理療法やその他心理的介入が治療的に働きやすくすることを助けるもの。古典催眠と現代催眠とに大きく分かれる。
芸術療法（表現療法）	絵画、音楽、コラージュなど様々なものを用いて自己表現することから、こころの解放へと導くもの。

認知行動療法の第3世代としては、次のようなマインドフルネスを重視するものや、その他新しいタイプのものが複数出てきています。

心理療法の名称	概要
マインドフルネスストレス低減法	元々はヴィパッサナー瞑想という瞑想や禅の影響を受けて生まれたストレスの低減法。これがもととなり、アメリカでは様々な「マインドフルネス（持続的に気づいていること）」による心理療法が開発された。
マインドフルネス認知療法	マインドフルネスの概念を用いることによって、うつ病予防や再発防止の認知療法として作られたもの。
弁証法的行動療法	境界性パーソナリティ障害に対して治療実績が高いとされる新しい認知行動療法。
アクセプタンス＆コミットメントセラピー	「マインドフルネス」「アクセプタンス」「コミットメント」という概念を重要視し、「いま、ここで」にいることを行いつつも、治療に結びつく行動などをホームワークなどで実践していくもの。
行動活性化療法	うつ病等になる前から行っていた行動を見直し、それらの行動を行うこと等から、うつ病の前の健康な状態を目指していく新しい行動療法。
メタ認知療法	認知について認知する(メタ認知)ということを利用することで、認知療法を発展させたもの。
スキーマ療法	認知の中でもより深い部分である「スキーマ」に焦点をあてて、認知療法では効果が出づらい部分を扱えるようにしたもの。

以下のようなトラウマ治療に関する心理療法も続々と発展してきています。

心理療法の名称	概要
EMDR(眼球運動による脱感作及び再処理法)	目を左右に動かすなど両側性の刺激を与えることによって、トラウマ記憶を再処理するもの。比較的安全で効果的なトラウマ治療とされている。
トラウマ焦点型認知行動療法(TF-CBT)	トラウマによって出現した症状を、保護者のペアレンティングも含め、認知行動療法などの技法を通して行う心理療法。トラウマから脱出して、安全な生活を送る手順を系統的に学んでいく。
持続化曝露療法(PE)	長時間において、トラウマ記憶に関連する物や場所、イメージなどに浸り続けることによって、もう恐怖や不安を抱く必要がないということを、認識できるようにする心理療法。
ソマティックエクスペリエンシング®(SE™)	身体感覚に意識を向けて、それを追っていくことで、未完了の動作を完了させていき、トラウマによる身体の「凍りつき」から解放させていく方法。

ブレイン・スポッティング	EMDRとSE™から着想された、眼球の向いている位置を特定し、固定させることによって、トラウマ解放へと導く方法。
自我状態療法	イメージを用いて、自我状態と呼ばれる自分自身の一部（パーツ）と出会うことで、自我状態の統合や、自己の内部にあるリソース（資源）を見つけていくことのできる心理療法。解離性障害などにも用いられる。
ホログラフィートーク	自我状態療法のひとつともされ、クライエントが感情や身体症状の持つ意味を読み取り、自ら癒していくプロセスを援助する心理療法。
TFT（思考場療法）	決められた経絡を決められた順序でタッピングすることによって、不安や怒りなど主観的苦痛の度合いを減らしたりなくしたりする心理療法。
ボディコネクトセラピー	EMDRや、ソマティック（身体的）なアプローチを参考に、身体へのタッピングや目の動きなどを用いて、トラウマに働きかける心理療法。

心理療法は対話を通して行うものもあれば、からだを使うものもあります

心理カウンセラーの仕事と心理学の関係

カウンセラー＝心理学のプロ？

　一般的に「心理カウンセラー」と呼ばれる仕事は何を指しているのでしょうか？公認心理師や臨床心理士と何が違うのでしょうか？

　まず、公認心理師や臨床心理士という資格ですが、実は厳密には**「心理カウンセラーの資格」ではありません**。

　「心理カウンセラーの資格」は、民間のものでは「○○カウンセラー」というものが多数ありますが、社会の中で期待されるほどは機能しておらず、**公認心理師や臨床心理士が心理カウンセラーの役割を担っている**といえるかもしれません。

　では、その心理カウンセラーの役割を担う公認心理師や臨床心理士はどんな資格なのか、改めて考えてみましょう。

　公認心理師は、心理学全般の資格、臨床心理士は、心理学の中でも臨床心理学（あるいは心理臨床学）に特化した資格です。これを読んで、「え？　心理学ってたくさんあるの？」と思った方もおられるかもしれませんね。

　実はそうなのです。次の図を見てみましょう。

心理学と各種心理学の関係性

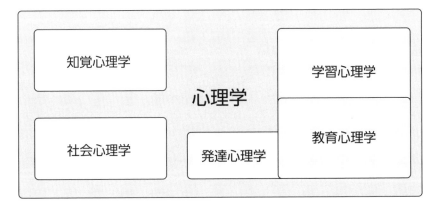

アメリカには、「カウンセリング心理学(counseling psychology)」という学問もありますが、大きなくくりとしての「心理学」の中に色々な心理学が含まれているというイメージです。「心理学」自体を大きく2つに分けると、**基礎心理学**と**応用心理学**とに分けることも可能です。

　基礎心理学とは、心理学研究を行う中で、実社会や実生活の役に立つかどうかはさておき、**基礎的な心の仕組みを解き明かすための心理学**を指します。たとえば、知覚心理学や社会心理学、人格心理学などは、基礎心理学に含まれるといえるでしょう。

　それに対して、**応用心理学**とは、基礎心理学を行っていく中で、実社会や実生活で役立つ知見を組み合わせたり応用したり、また独自に研究を行い、知見を見出していったりすることで、**実社会、実生活で役立てようとする心理学**のことをいいます。たとえば、臨床心理学や犯罪心理学、教育心理学などが応用心理学に含まれるといえるでしょう。

応用心理学⇒実社会、実生活で役立てようとする
　├ 臨床心理学⇒こころの障害や悩みなどのこころの臨床に役立てる
　└ 犯罪心理学⇒犯罪捜査、犯罪被害者や加害者の心理などに役立てる

　とはいえ、各○○心理学が、基礎心理学か応用心理学のどちらに含まれるかが完全に決まっているわけではなく、考え方によって異なってきます。たとえば、臨床心理士になるための課程での「教育心理学」は、その課程の中では基礎心理学に分類されてもおかしくありません。

心理学とカウンセリングの違い

　さて、話を「心理学とカウンセリングの違い」に少し戻してみましょう。

　先ほど、心理学の大枠についてと、カウンセリング心理学というものがあるということを紹介しました。つまり、カウンセリングというものは、大枠の「心理学」の中のひとつの領域として「カウンセリング心理学」や「臨床心理学」があり、その中で行われるものがカウンセリングといえます。

「カウンセリング心理学」と「臨床心理学」は重なる部分が大きいので、明確に２つの違いを分けることはできませんが、「カウンセリング心理学」は、**よりカウンセリング(相談)に特化した心理学**、「臨床心理学」は**カウンセリングも含むこころの臨床(精神障害やこころの悩みに関する諸々)を内包した心理学**といえるかもしれません。

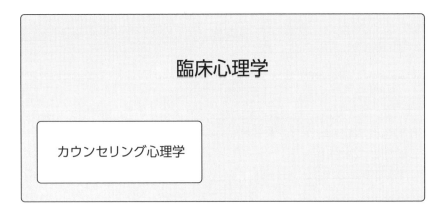

　以上のことから、だいぶ回り道をしてしまいましたが、公認心理師や臨床心理士は、**カウンセリング・カウンセラーの資格ではなく、心理学の資格**(公認心理師は心理学全般、臨床心理士は心理学のうち臨床心理学メイン)だといえます。
　臨床心理士がカウンセリング・カウンセラーの資格に近いとはいえますが、臨床心理士がカウンセリングをしていない場合もたくさんあります。つまり、カウンセラーの行っていること(カウンセリング)も業務内容として含む資格として、公認心理師や臨床心理士があると考えるといいのではないでしょうか。

国家資格「公認心理師」と民間資格「臨床心理士」について

「公認心理師」資格の成り立ち

(心理)カウンセラーそれ自体には、専門の国家資格はありません。ただ、カウンセリングと関連のある国家資格として**公認心理師**の資格があります。

公認心理師とは、日本で初めての心理学の国家資格で、2015年に公認心理師法が公布、2017年に施行されました。その結果、2018年に第1回公認心理師試験を受験し、合格した人たちが、2019年に最初の公認心理師となったのです。

国家資格「公認心理師」ができる前は、文部科学省後援の臨床心理士資格認定協会が認定する**「臨床心理士」**が民間資格としては最も有名なものでした。現在でも、臨床心理士は公認心理師と並んで有名かつ高度な資格とされています。

国家資格と民間資格の違い

国家資格と民間資格の違いとしては、国家資格には、「国家資格である(国が認めた資格である)」という信用度があることと、法律や制度に組み込むことができるという利点が大きいと考えられます。

たとえば、従来の臨床心理士資格は、社会的信用度が高い資格といえどもあくまで民間の資格であるため、「保険診療の手引」などの公的なものに明確に表記することはできませんでした。

これまで「保険診療の手引」には、「臨床心理技術者」という書き方がなされていましたが、公認心理師ができてからは、医師や看護師、臨床検査技師、作業療法士などと並んで「公認心理師」と明確に表記されるようになりました。

また、公認心理師は業務独占資格ではなく、名称独占資格です。

業務独占資格とは、たとえば医師や弁護士のように、「当該の国家資格を持たずにその業務をすることは違法とする」と定められているものです。医師でない(医師免許を持っていない)人が医療行為を行うことは医師法違反になりますし、弁護士でない(弁護士資格を持っていない)人が報酬を得る目的で訴訟事件や非訟事件、審査請求などを行うことは弁護士法違反となります。

業務独占資格の場合、その資格なしに業務を行ってはなりません

　公認心理師の行うアセスメント、カウンセリング、心理教育、心理学関連の情報提供（それぞれ詳しくは第5章を参照）は、**法律で規制されるものではなく**、公認心理師でないものがこのような業務を行うことも許されています。

　相談や助言などを含むカウンセリングは、普段の日常生活の中で行われる行為にも似通っているため、これを禁止することは、さまざまな活動の妨げになると考えられるためか、業務独占資格とはなりませんでした。

　名称独占資格とは、「公認心理師でない者は、公認心理師という名称を使用してはならない」「公認心理師でない者は、その名称中に心理師という文字を用いてはならない」と第44条に定められているように、公認心理師でないものが、（一般の人が誤認するような）紛らわしい名称を用いてはならないという規定です。

　つまり、「特定公認心理師」や「上位心理師」などという一般の資格を作ったり、肩書きを名乗ったりすることで、公認心理師国家資格を持っているかのように誤認させることも禁止されています。

業務独占資格	その資格所持者でなければ、決められた業務を行えないもの。 例：弁護士の訴訟代理人業務や刑事訴訟、医師の医療行為、公認会計士の金銭の授受を伴う会計処理、薬剤師の薬剤調合など。
名称独占資格	その資格所持者でなければ、その名称を名乗ったり、紛らわしい名称を用いてはいけない（名乗れば違法になる）もの。名称独占のみの資格の場合、業務については縛られない。 例：保育士、管理栄養士、介護福祉士、公認心理師など。

　当初、国家資格の名称として、「臨床心理士」「医療心理士」「心理師(仮称)」などが挙がっていました。ですが、一民間資格である「臨床心理士」をそのまま国家資格にすることへの疑問や懸念、医療に限った資格としての「医療心理士」の意義などが考えられ、結果「心理師(仮称)」という形で名称が整っていきました。

× 　心理士
○ 　心理師

会計士 ➡ 公認会計士
心理師 ➡ 公認心理師

　「心理師」を、従来の「士」ではなく「師」としたのには意味があります。

　もし、国家資格の名称を「心理士」や「公認心理士」としてしまうと、名称の使用制限(名称独占)規定によって、民間の資格にも「心理士」という文字を用いることが禁止されてしまいます。「心理士」という文字を用いることができなくなるということは、これまで長く用いられてきた「臨床心理士」や「認定心理士」などの民間資格は名称を変更するか、廃止せざるを得なくなってしまうのです。

　さらに「心理師」という名称でも、「○○心理士」という他の民間資格との混乱が見込まれることから、冠として「公認」をつけることによって「公認心理師」という名称が決定されました。「公認」という言葉を用いた理由としては、もともと会計士の国家資格を作る際に、「公に認められた会計士」という意味で「公認会計士」と名称を決めたことからきています。

　これらの取り計らいによって、従来の心理学関連の資格はそのまま残すことができるようになり、新しく国家資格として「公認心理師」が創設されました。

　なお、「公認心理師」は、臨床心理学をもとにする資格である「臨床心理士」以外の心理学関連団体にも大きく力を借り、国会での成立を目指したことから、心理学の横断的な国家資格という色彩を帯びるものとされています。

　つまり、臨床心理士が国家資格になったわけではなく、臨床心理士資格はそのままで、他の心理学関連団体と協力し合うために、新しく国家資格が創設されたということになります。

精神科と心療内科

　心理職をしているとよく聞かれるのが「精神科」と「心療内科」の違いです。ここではこの両者の違いについてご紹介したいと思います。

　まず、内科、外科、眼科、耳鼻科、皮膚科など、さまざまな科（診療科と呼びます）がありますが、精神科もこれらと同じく「正式な診療科の一つ」です。

　それに比べて「心療内科」はどうでしょうか。「心療内科」とは、もともと九州大学病院から「心身相関に関わる診療科」として始まりました。現在ではよく知られていることですが、こころの状態はからだの健康に影響を及ぼし、その逆もまた然りということを「心身相関」と呼び、ストレスの影響が身体に症状として出ているものを「心身症」といいます。そういったこころとからだのつながりを意識した診療科が「心療内科」でした。

　ですが、「精神科」という診療科には昔から偏見を持たれやすく、「精神的に病んでしまった人が行くところ」といったイメージがあることから、うつ病やパニック障害、その他どなたでもこころの悩みを持った人が行きやすいような名称として、「心療内科」という名称が使用されることとなりました。

　クリニックや病院で「心療内科」と書いてあるところでも、「心療内科・精神科」と並べて表記したり、診療報酬の請求処理においては「精神科」となっていたりします。また、「心療内科」は内科の医師が行っていることもあり、「内科・心療内科」と並べて表記していることもあります。

　以上のように、「心療内科」とは、もともとは内科系の「身体にストレスの影響が出ている心身症を扱うところ」ですが、精神科と同じように使われることも多いということを覚えておいていただければと思います。肝心なこととしては、その医師が標榜している診療科にかかわらず、内科系か精神科系かを確かめることでしょう。

第2章

カウンセリングでは
何をするのか

メンタルヘルスの基本とその重要性

メンタルヘルスの考え方

「メンタルヘルス」とは、そのまま日本語に訳すと「精神的健康」のことです。メンタルヘルスに関しては、次の2つの考え方があります。

心身二元論:こころとからだとは別物とする考え方
心身一元論:こころが荒れるとからだにも症状が出たり、からだが不調だとこころも不調になったりするということから、こころとからだとは一つであるとする考え方

また、最近よくいわれていることとして**「生物・心理・社会モデル(Bio-Psycho-Social Model(BPS model))」**という言葉があります。

これは、たとえばこころの障害や悩みについて考える際、生物学的なこと(医学的、遺伝的要素も含める)や、社会的なこと(人間関係・社会関係に関すること)と分けて考えるのではなく、生物学的(医学的)な側面からも心理学的な側面からも、社会的な側面からも含めた多角的な視点で見ていくことが、カウンセリングには役立つという見方です。

上記の「心身一元論」や「生物・心理・社会モデル」のように、私たちはメンタルヘルス(精神的健康)について考える際、単純に心理(学)的な部分のみを捉えるのではなく、さまざまな要因が関連しているということを念頭に置くほうがよいでしょう。

「全ては人間関係のストレスからきている」というように、単純なものとして考えられるのではなく、複雑に絡み合ったものとして考えられる必要があります。

そして、こころとからだは互いに影響を及ぼしあうこと、人間関係(社会関係)なども、こころとからだに影響を及ぼすものとして考えることが、メンタルヘルスについて学び、仕事をしていく中では重要であると考えられます。

メンタルヘルスはさまざまな要因から影響を受けます

　さて、先ほど「生物・心理・社会モデル」という言葉の中で、生物学(医学)と表現しました。精神医学は心理学とはまた異なる学問ですが、この精神医学は「医学」の中に含まれます。

　精神医学と心理学、そして精神科医と臨床心理士や公認心理師は、一般の方々に混同されることが少なくありません。公認心理師と臨床心理士の違いについては、第1章でも詳しく説明しましたが、次の項では精神科医と、公認心理師や臨床心理士を含んだ「心理職」との違いについて少しふれてみたいと思います。

精神科医と心理職（臨床心理士・公認心理師）との違い

精神科医＝精神医学を用いた診療を行う仕事

　精神科医とは、医師の選ぶことのできる診療科（内科、外科、小児科、耳鼻科、皮膚科、産婦人科など）のうちの一つである精神科の医師のことを指します。つまり、医師免許を持っていなければ（医学部を卒業しなければ）精神科医などの医師になることはできません。当たり前のことではありますが、医師は医学部で「医学」を学びます。その医学の一分野である「精神医学」を用いてメンタルヘルスに関する診療を行うのが精神科医です。

心理職＝心理学を用いた面談を行う仕事

　それに対して、心理職は心理学部や心理学科、心理学専攻、そして大学院の心理学研究科など*で心理学（特にカウンセリングに関わるものは臨床心理学）を学び、研究し、その「心理学」的知見を用いてメンタルヘルスに関するカウンセリング、心理療法などを行います。その心理学に関する学部や学科、専攻、研究科を経て、公認心理師や臨床心理士の受験資格を得ることになります。

医学と心理学の違い

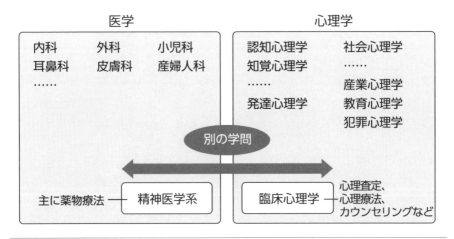

＊ 多くの場合、臨床心理士や公認心理師の資格を取得するためには大学院に行きますが、研究科は、心理学研究科という名称だけでなく、教育学研究科や人間科学研究科などの名称である場合があります。

精神科医と心理職のアプローチの違い

　精神科医は、医学部で精神療法(心理療法)も学びますが、さまざまな精神疾患の診断と薬物療法について学びます。

　心療内科や精神科(両者の違いについてはコラム「精神科と心療内科」を参照)に初めて行かれる方では、「全然話を聞いてくれなかった」「初回は話を聞いてくれたけど、2回目以降は短時間でお薬の話しかほとんどしなかった」と不満を漏らされる方が少なくありません。心療内科や精神科に通院される方は、時間を十分使って話(悩み)を聞いてほしいという思いをお持ちの方も多いでしょう。

　ただ、上記のように精神科医など医師の診療時間が非常に限られることから、(医師にしか処方のできない)お薬の話に偏りがちなのは仕方がない部分ではあるのです。

　では、心理職はどうでしょうか?

　精神科医が、脳をはじめとした人体構造や薬物療法について学び、診療の中で実践しているのに対して、心理職はこころについていろんな視点から学び、カウンセリングや心理療法、それらを行うために心理アセスメントなどを業務として行います。時間をかけてお話を伺い(カウンセリング)、その中で現在どういう状態にあるのかを調べ(心理アセスメント)、必要に応じて薬物療法以外の方法である「心理療法」と呼ばれるセラピーなどを用いて心理支援を行っていきます。

　このような「心理職」と呼ばれる仕事は、みなさんの想像されるカウンセラーの仕事に近いのではないでしょうか?

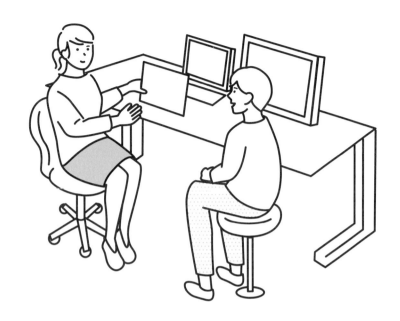

仕事の様子は似ていても、そのアプローチは異なります

　以上のように、精神科医や心療内科医といった「医師」と、公認心理師や臨床心理士、その他のカウンセラー資格を持った「心理職」とでは、そもそも学んできた学問が違います（医師は医学、心理職は心理学）。

　当然、行う業務や責任（医師は診療・診察・投薬・服薬管理・診断・診断書の執筆など、心理職は心理アセスメント・カウンセリング・心理療法・心理教育・こころの健康に関する知識の普及活動など）も異なるということがわかっていただけるかと思います。

心理カウンセラーに相談できること

カウンセラーはさまざまな悩みの「つなぎ役」

　では、実際にカウンセリングを受けたいと思ったとき、どのようなことならカウンセラーに相談できるのでしょうか。

　カウンセラーに相談できることは、意外とかなり幅広くあります。

　というのも、法律や身体(医学)に関する相談など、カウンセラー以外の専門職が適切だと判断する場合には、法律なら弁護士や司法書士・行政書士などへ、身体なら医師へと紹介するつなぎ役としても機能できるからです。

専門外の分野の場合は適切に導くこともカウンセラーの役割です

33

筆者は、できるだけ幅広い知識を持つように（それでいて、自分の専門性を決めて磨くようにも）心がけ、「あぁ、これは医療につないだほうがいいな」とか「この部分は弁護士と相談してもらったほうがいいな」と、**自分にできないところをカバーできる専門家につなぐ「ハブ」のような役割**を持つことも、カウンセラーの役割であると考えています。

　では、ハブとして（つなぎ役として）の役割以外では、カウンセラーはどんな役割をとることができるでしょうか。カウンセリングに来られる方によくある悩みとしては、次のようなものがあります。

・精神的な悩み…抑うつ、不安、恐怖、強迫、怒りなど
・対人関係の悩み…家族関係、夫婦関係、友人関係、学校や職場関係など
・アイデンティティの悩み…自分は今後どのように生きていけばいいのか、自分は何者なのか
・家庭内でのコミュニケーションにかかわる悩み…夫婦喧嘩、発達障害や知的障害を含む子どもへの対応、ひきこもり、不登校や登校しぶりなど

　一般的で、どこにでもあるような悩みが多いと感じられるのではないでしょうか。

「困ったらとりあえずカウンセラー」で大丈夫！

　このような精神的な悩みなども含め、「つなぎ役」として、「どこに相談すればいいかわからない悩み事は、とりあえずカウンセラーに相談してみよう」と思ってもらえたら、と筆者は考えています。
　逆にいえば、**どんな悩み事を相談されても、他の専門家に紹介することも含めて対応することが求められている**とも考えられるかもしれません。

　たとえば、「風邪かな？」と思ったら内科、耳や鼻の調子が悪いとなったら耳鼻科、それ以外でも何かからだの調子がおかしいと思ったら「とりあえず病院に行ってみよう」となるように、からだの不調については医療機関を訪ねることが多いでしょう。
　裁判沙汰になりそうなときや、法的文書の作成（離婚や会社関係など）の場合は、弁護士に相談したり、税金に関する相談は税理士、社会保険や人事労務関係の相

談は社会保険労務士と、相談する専門家が比較的決まっているものも多くあります。

ただし、「これってどこに相談すればいいの?」と困る場面もあるかと思います。それどころか、「専門家に相談する」という手段があることも思いつかない方が多いかもしれません。

それこそ、精神科に行ってもお薬しか処方されず、お薬以外の選択肢を探している場合(お薬の処方以外を積極的にしている医療機関ももちろんありますが、基本的に精神科では薬物治療が中心)、夫婦喧嘩をなんとかしたい場合、生活習慣を改善したい場合、コミュニケーション力を改善したい場合、病気ではないけれど、一緒に考えてほしいことがある場合など、相談相手がわからない場合や第三者に入ってもらいたい場合などにぜひ活用してもらえたらと思います。

カウンセリングとは「命を扱う仕事」

カウンセリングは医療行為？

　どんなカウンセリングを行うかによっても変わってきますが、ここでは本書で扱っている「(いわゆる)心理カウンセリング」について、一緒に考えてみましょう。

　「カウンセリングは話を聴くだけ」という誤解がよくあることは先述しましたが、実際にわざわざ(特に有料、自費で)カウンセリングにいらっしゃる方は、きっと本気で悩んでわらをもすがる思いでたどり着いたという方が多いでしょう。

　よく「からだの健康」と「こころの健康」と2つに分けて考えられますが、「からだの健康」については医療機関でも内科、外科、皮膚科、眼科、耳鼻科……と多くの診療科に分かれています。

　にもかかわらず、「こころの健康」については、医療機関では精神科(児童精神科も)と心療内科がそれにあたりますが、カウンセリングは保険診療[*1]の事情により行われていないところが多く、精神科や心療内科ではお薬の処方とその調整がメインとなっています。

　カウンセリングは、診療報酬の対象として認められないケースが多いため[*2]、医療機関でも私設の(開業の)カウンセリングオフィスでも、保険証が使えず自費の場合が多いことから、金銭的にもハードルは高くなっています。

こころの不健康がからだにもたらすもの

　上記のように、「こころの健康」を取り戻すためにできることは、精神科や心療内科に通うこと(メインはお薬の処方)か、多くの場合は自費のカウンセリングとなります。これらを併用して利用される方も少なくありません。

　「こころの健康」は、目で見ても腫瘍やウィルスなどが確認できるわけではありませんし、「相談する」ということの重要性は未だにわかってもらいにくいのですが、実際問題として、日本における年間の自殺者数は21,881人(警察庁統計、2022年)であり、先進国の中では自殺者数が多いといわれています。

　「Preventing Suicide: a global imperative 世界保健機関(WHO、2014)」によると、自

---

*1 *2　保険診療、診療報酬の対象については、第3章「1.医療領域での働き方」を参照。

殺で亡くなった人のうち精神障害のある人は90%という調査結果が出ています。死因についても日本においては、10歳〜34歳（女性）・44歳（男性）の死因の第一位は自殺という統計が出ています（厚生労働省人口動態統計、2022）。※

　また、自殺までは至らなかったとしても、抑うつや無気力、不安、その他の精神疾患を抱えたまま生きていくということは、一度しかない人生にとってはかなり大きすぎることです。そのような「こころの健康」を取り戻す重要度は「からだの健康」を取り戻すことと同様に非常に高いと考えられます。

　こころの健康を取り戻すために行われるカウンセリングは、**「命を扱う仕事」**といっても決して過言ではないでしょう。

　何気ないカウンセラーの言葉が、さらにクライエントの気持ちを傷つけてしまったり、落ち込む要因となってしまうこともありますし、その他カウンセラーのとった行動や用いた不適切な形での心理療法が、結果的に自殺の危険性を増してしまうこともあるのです。

　以上のことから、単に「心理の資格を取ったからOK」「心理療法の本を1冊読んだから気軽に使っても問題ない」「ある心理療法の研修会に1日出席したから大丈夫」というようなものではなく、まずは**余計に傷つけてしまわないように、自分（＝カウンセラー）が配慮できているかを確認すること**が重要です。

　カウンセリング・心理療法についても、「もう学んだからOK」ではなく、**カウンセリングを続ける限り、学び続けることが大切**だといえるでしょう。

初めてのカウンセリングで
行われること

カウンセリングの流れについて

では、実際に初めて来室された方にカウンセリングを行う場合、どのようなことから始めるのでしょうか。

前述のように、カウンセリング自体があいまいだったり、さまざまな領域（場所）で行われたり、学派や流派がたくさんあったりするため、「いつもこうでなければいけない」という絶対的な決まりはありません。とはいえ、通常最低限として行われることはありますので、ここでご紹介したいと思います。あくまで一例としてお考えいただければ幸いです。

Ⅰ. カウンセリング申込み

まずは、相談したい方から、なんらかの形でカウンセリングの申込みを受けます。申込み方法はカウンセリング機関によって異なりますが、電話での受け付けやメールやメールフォームへの入力などが多いでしょう。

※ちなみに、筆者のカウンセリングオフィスでは、情報管理の一元化のために原則メールフォームへの入力をお願いしています。問合せについては、電話でもメールでも受け付けています。

その際、カウンセリング機関から申込者に尋ねる事項としては、以下のようなものがあります。

- ・氏名
- ・性別
- ・住所
- ・電話番号
- ・メールアドレス
- ・主に相談したい内容
- ・誰に関する悩みか（本人、家族、その他）
- ・その他希望など

　当日までの連絡が滞りなく行えるように、メールアドレスのほか電話番号（主に携帯電話）を確認しておくとよいでしょう。メールアドレスの入力間違いがあったり、迷惑メールフォルダなど他のフォルダに自動的に振り分けられてしまうと連絡手段がなくなってしまうので、電話番号や住所を確認しておくことで、連絡手段の補助となります。

　もちろん、申込者の中には「他の家族に知られたくない」という方もいらっしゃいますので、郵送などの手段で問合せをすることは極力控えたいところです。医療機関においても同じですが、本人の承諾がない限り、家族であっても「息子から連絡がありましたか？」「妻がカウンセリングでここに通っていますか？」といった質問に答えてはいけません。たとえ家族であっても、守秘義務は守らなければなりません。

　当然ながら、命の危険がある場合や、すぐに入院の必要性がある場合、警察が絡んでいる場合などの緊急事態には、守秘義務の例外として対応しなければいけないこともありますが、慎重な対応をし、よく見極める必要があります。

　メールフォームの中で、「ご家族に知らせてほしくない場合、ここにチェックしてください」などのチェックボックスを作っておくといいかもしれません。

　「主に相談したい内容」といっても、お申込みの時点で長文を書かれる方、ひとことで書かれる方などさまざまです。ここにどんなことを書かれているかだけでなく、長文か短文か、どんなことにフォーカスして書かれているかなどについても、カウンセリングを今後行うための貴重な情報となります。

申込フォームのサンプル図

年齢＊	○ 10代　○ 20代　○ 30代　○ 40代　○ 50代　○ 60代　○ 70代〜 ※18 歳未満の方は保護者の同意が必要です（○18 歳未満　○18 歳以上）
名前＊	
ふりがな＊	
性別＊	○ 男性　　　○ 女性　　　○ その他
電話番号＊	－　　　　　　　－　　　　　　　　※半角数字
メールアドレス＊	＠
メールアドレス （確認用）＊	＠
住所＊	
カウンセリング 希望日時＊	※カレンダーから選択してください （＝＝＝）年（＝＝＝）月（＝＝＝）日　〜　（＝＝＝）年（＝＝＝）月（＝＝＝）日
カウンセリングに ついての希望＊	※希望するものに全てチェックを入れてください ○ 対面 45分　（○○ 円〜） ○ 対面 90分　（□□ 円〜） ○ パートナーと同席でのカウンセリング　（45分　□□ 円〜） ○ 家族と同席でのカウンセリング　（45分　□□ 円〜） ○ オンラインでのカウンセリング　（45分　○○ 円〜）

カウンセリングで
相談したい内容＊

備考

「申込前の確認事項」を確認のうえ、内容を承諾いただけましたか？　□はい　□いいえ

２．カウンセリング来室時

カウンセリング申込者（ここではクライエント（相談者）と呼びます）が来室した際には、医療機関などと同じように丁重に受付をし、カウンセリングルームや待合室にお通しします。

初回はあらかじめ**インテークシート**[*1]に基本情報を記載いただくことが多いかもしれません。医療機関でも問診票を書きながら待ちますが、クライエント本人が書いてくださる内容や、書き方、書くために要した時間などもカウンセリングの参考となります。

たとえば、筆者は、このような時間があるのでご予約時間の10分ほど前にお越しいただくとスムーズであることを伝えていますが、早めに（ちょうど10分前だったり、30分前などかなり早く）お越しになる方もいらっしゃれば、それでもギリギリにお越しになる方、遅刻される方、結局当日にお越しにならない方（そして、連絡もつかない方）もおられます。

インテークシートを書いていただいた後は、カウンセリングを行ううえでの同意書に目を通していただきます。同意書には、料金や時間、場所、頻度、守秘義務について、守秘義務の例外について、禁止事項についてなどが書いてありますが、あまり真剣に読まない方（あるいは全く読まない方）も中にはおられますので、筆者がカウンセリングを行う際には、特に料金、時間、守秘義務やその例外については口頭で読み上げて確認をしています。

契約書や注意事項などの書類は長くて読む気が起きないので（あなたも、オンライン上の同意事項などは、読まずに「同意」ボタンを押したりしていませんか？　私も人のことはいえませんが……）、読まれにくいのは当然です。ただ、ここでしっかりと料金や時間などの治療構造[*2]について知ってもらうことは非常に重要なので、面倒でもカウンセラー側が読み上げるのがいいのではないかと思います。

事前情報も大切な要素です

[*1] **インテークシート（intake sheet）**　問診票のようなもの

[*2] **治療構造**　「治療的枠組み」や「枠組み」、「枠」などとも。料金・時間・場所・守秘義務・守秘義務の例外などについて、あらかじめしっかり伝えておくこと、またその決め事をカウンセラーとクライエント（相談者）が守ることによって、カウンセラー・クライエント（相談者）双方を守ることになると考えられています。

インテークシートのサンプル

インテークシート

記入日＿＿＿年＿＿月＿＿日

氏　名		生年月日	年　　月　　日　　歳
職　業		（未成年の場合）保護者名	
住　所	〒　　－		
電話番号	－　　　　　　－		
メールアドレス	＠		

1. 今日はどんな理由で来られましたか。主な悩み・困っていることなど、相談したいことをお書きください。
（　　　　　　　　　　　　　　　　　　　　　　　　　　　　　　　　　　　）

2. （心理的な悩み・身体的な悩みの方のみ）　特に、現在どのような症状がありますか？
（　　　　　　　　　　　　　　　　　　　　　　　　　　　　　　　　　　　）

3. （心理的な悩み・身体的な悩みの方のみ）ここに来られる前に、この悩みで心療内科や精神科や内科、他の
カウンセリングルームなどを受診されましたか？（複数回答可）
□心療内科・精神科・神経科・カウンセリングルームに行った。
（病院・カウンセリングルーム名：　　　　　　　　　　診療科：　　　　　　　）
＊通院中の場合……主治医の了解を得ていますか？　□はい　□いいえ
□内科や耳鼻科などの診療科で検査を行った。
（病院名：　　　　　　診療科：　　　　　　診断名：　　　　　　）
□それ以外で相談をした。
（相談先の名前：　　　　　　　　　　　　　　　　　　　　　　　　　）
□どこにも相談していない。

4. これまで大きな病気（身体疾患）や精神疾患と診断されたことや、入院されたことはありますか？
□はい　（疾患名：　　　　　　　　　　　　　　　　　　）　□いいえ

5. 現在お薬を服用していますか。
□はい　（薬の名前、用量：　　　　　　　　　　　　　　　　　　）
□いいえ

6. あなたの家族構成について教えてください。
（　　　　　　　　　　　　　　　　　　　　　　　　　　　　　　　　　　　）

7. その他、ご質問やご希望があれば教えてください。
（　　　　　　　　　　　　　　　　　　　　　　　　　　　　　　　　　　　）

8. 別紙「カウンセリングの決まり等について」を確認し、その内容について承諾しましたか？
□はい　　　　　□いいえ

＊ここに記載された個人情報は、カウンセリング・研究のために使用するもので、それ以外の目的で使われることはありません。

3．カウンセリング開始時

　カウンセリング開始時は、相談者の方が堰を切ったように話し出すこともありますし、「何から話したらいいかわからない…」という感じで、言葉が出てこない場合もあります。

　カウンセラーとしては、インテークシートに書かれている「主に相談したい内容」にふれて、カウンセラー「ここには、○○と書かれていますが、このことについて少し詳しく教えていただけますか？」という言葉から始めてもいいかもしれません。
　「主に相談したい内容」に何も書かれていない場合も少なくありませんが、その場合も同じように、カウンセラー「ここには、何も書かれなかったようですが、ご相談内容について教えていただけますか？」と尋ねるといいでしょう。
　相談者から「文字でなんと書けばいいかわからなかったので……」と言ってお話をしてくださることも多々ありますので、何も書かれていなかったとしてもカウンセラーも相談者も気にする必要はなく、話したいことから話していただくということを大切にしています。

　人によっては、何が悩み（問題、症状）で、どのようにしてほしい（解決策）のかをはっきりさせておきたい人がおられるかもしれませんが、やはり最初は相談者の方が話したい内容から話していただくことが、関係づくりも含めて、今後のカウンセリングにとって良いかと思われます。

4．カウンセラーは、カウンセリングの中で何を尋ねるの？

　カウンセリングにお越しになる方はさまざまです。ご自身の症状やお悩みで来られる方、ご家族に関するお悩みで来られる方、カップル関係や会社での人間関係で来られる方など「問題」とされていることが、どこにあると考えられているかも異なります。

　また、ご自身の症状やお悩みであっても、抑うつや不安、怒りが強いなど感情や考え方に関する悩みもあれば、ついついしてしまう行動（もしくはやろうと思っても先延ばししてしまってできない行動）についての悩みなど、悩みは十人十色であり、千差万別です。

　さらに、悩みの内容が似ていたとしても、「とりあえずたくさん話すから聞いてほしい！」という方もいれば、「具体的にどうするかアドバイスがほしい」という方もいて、聴き方や質問の仕方はどうしても相手（クライエント）によって大きく異なってきます。

　逆にいえば、そこの関係性をうまく作ることができれば、カウンセリング関係は良好になるでしょうし、クライエントが求めているものとカウンセラーが与えられるものが食い違えば、カウンセリングに2回目、3回目と継続して来てもらうことは難しくなるでしょう。

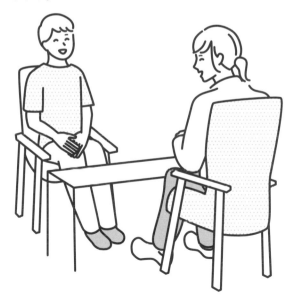

対応はクライエントの数だけ十人十色です

さて、話を本題に戻しましょう。

「カウンセラーがカウンセリングの中で何を尋ねるか」に関しては、最も正しい答えというものはなく、カウンセラーやクライエントにより異なってきます。

まずはクライエントに、上記3にあるような「ここには、○○と書かれていますが、このことについて少し詳しく教えていただけますか?」とか「どんなお悩みでこちらに来られましたか?」と尋ねてみるといいかもしれません。

それでスラスラと話してくださるようであれば、そのまま相槌をうちながらじっくり話を聴いていきます。その中では少し待つことも必要かもしれません。

「すぐには言葉が出てこないけど、とりあえず自分から話したい」というニーズも少なくないので、お話が出てくるまで落ち着いた気分で待つことで、少しずつ話が広がっていくことがあります。あまりカウンセラー側から質問を重ねても、カウンセリングというよりは「尋問」のようになってしまうので、質問の数を増やしたり手早く質問したりするのは(少なくとも最初は)避け、クライエントの反応を見ながらやりとりするのがよいでしょう。

尋ねる質問としては、そのクライエントの相談内容に沿ったものが望ましいです。たとえば「不安が強く〜」という場合は「いつ頃から」「どんなときに不安が強く(軽く)なりますか?」と尋ねるなど、カウンセラーがその方の悩みをイメージするために必要な情報を、クライエントのお話の邪魔にならないように気をつけながら集めていきます。

インテークシート/問診票に書かれるような情報については、口頭で尋ねなくても知ることができますが、書き方によっては、もう少し踏み込んで聞いていく必要があるでしょう。

たとえば、家族構成に「父・母・娘」と書いてある場合には、「クライエントのご両親である父と母、そしてご本人である娘さん」と捉えられるいっぽうで、「配偶者(父)とクライエントご本人(母)、お子さん(娘)」という意味で書かれている可能性もあります。

また同居家族か別居家族かなど、家族関係が少しでも絡む場合は(あるいは家族関係は絡まないと思われるようなものでも)基本情報としてお尋ねしておくといいかもしれません。

先述のように、カウンセリング・心理療法には多数の学派・流派と呼ばれるもの

があり、何を聞いてアセスメント※していくかが大きく異なります。各学派・流派におけるアセスメントを行ううえで必要な情報をお尋ねすることが重要なのです。

生育歴（どのように生まれ、今まで育ってきたか）を初回のカウンセリングで絞り聞くこともありますが、これまでの人生全体について教えてもらうには、初回のカウンセリング（インテーク）では重すぎる（情報が多すぎる）ので、あくまで初回はクライエントさんが話したい情報を中心にして、その中で不明な点を尋ねていくのがよいでしょう。

クライエントによっては、話すことはたくさんあるけど、「何をどのようにしてほしい」ということを一切お話しされない場合もあります。そんなときに筆者がよく使う質問法としては、**スターティング・クエスチョン**（「解決志向アプローチ」という心理療法で用いられる質問）というものがあります。

このスターティング・クエスチョンとは、「ここにわざわざお越しいただきましたが、もし今後何度か通っていただけるとしたら、カウンセリングが終わるときにどのようになっていれば、『ここに来てよかった』と思うでしょうか？」という質問です。これによって向かう先が見えてくれば、そのためにカウンセリングで何をしていけばいいのかが考えやすくなるでしょう。

クライエントのカウンセリングに来る目的について、パッと考えられるものだけでも、たとえば「自分の心の奥底を見つめ直したい」「アドバイスはなくてもいいので、とりあえず話を聴いてほしい」「（具体的な）自分の症状や問題をなくしたい／うまく取り扱えるようになりたい」「夫婦間のケンカを減らしたい」「子どもの不登校で悩んでいる」などがありますが、カウンセラー側が「こうなりたいに違いない」と思い込んでしまうことは避けなければいけませんね。

※ **アセスメント**　「査定、評価する」という意味で、その人の能力、性格、生育歴や、その人をとりまく環境について、全体的に把握して、今後のカウンセリングに役立てること。

治療構造の重要性

治療構造の大切さ

　「治療構造」とは、前項の「2.カウンセリング来室時」でふれたように「治療的枠組み」のことを指し、治療における重要な事項についてあらかじめ明示し、カウンセラーとクライエント双方が合意することによって、お互いを守るものです。

　この治療構造が双方にとって適したものであった場合は、カウンセリングがクライエントの助けになる可能性が高いですし、不足のあるものであった場合は、カウンセリングに支障が生じてきます。

　この治療構造が十分満足のいくものでなかった場合どうなるのかについても、ここで見ておきましょう。

治療構造が不十分だった場合Ⅰ［時間を延ばそうとするクライエント］

　あるカウンセリングルームでは、一回あたりのカウンセリングが50分と定められています。ここにクライエントＸさんが通い始めました。

　Ｘさんは50分が過ぎても話し足りず、結局あるカウンセリングの時間が70分間になってしまいました。Ｘさんは、カウンセラーから特に時間について説明がなかったことから、「何もいわれないなら長いほうがいい」と思い、それ以降のカウンセリングは90分、100分……と、どんどん長くなってしまいました。

【➡パターンＡ】

　カウンセリングがいつも長引いてしまうことから、ある回でカウンセラーは「また100分を超えるんじゃないだろうか」とイライラしてしまいました。その不満が募っていたのもあり、「今日は50分で終わりましょう」と少し苛ついた声で、カウンセラーはＸさんにいいました。

　すると、Ｘさんは「以前はあんなに長時間聴いてくれたのに、私のことがもうどうでもよくなったのか」と失望し、カウンセラーに怒りをぶつけ、それ以降Ｘさんがカウンセリングに来ることはありませんでした。

【➡パターンB】
　ある日、カウンセリングがいつも通り長引き、Xさんは2時間もの間話した後で、帰宅途中にこんなことを考え出した。
　「なんだかカウンセリングに来る度に、帰りは疲れ果てている。カウンセリングは逆効果なんじゃないだろうか」

　実は、カウンセリングが逆効果というよりも、1回あたり長時間にわたって話していたため、疲れ果てていたことが原因だったのですが、こういった疑問を抱いたことから、Xさんは別のカウンセリングルームに変更することにし、もう元のカウンセリングルームに戻ってくることはありませんでした。

治療構造が不十分だった場合2　[お金がないクライエント]

　あるカウンセリングルームでは、一回あたりのカウンセリングが7,000円と決められています。ここにクライエントYさんが通い始めました。
　Yさんはカウンセリングが終わって会計の際、財布を見ましたが、財布の中には5,000円しかありませんでした。カウンセラーは「じゃあいいですよ、今回はもう5,000円で結構です」と伝え、Yさんは結局5,000円しか支払いませんでした。

　1週間後、Yさんがまたカウンセリングの料金を支払う際に4,500円しか持ってきませんでした。カウンセラーが「じゃあ今日はもう4,500円でいいですよ」といったため、Yさんは4,500円だけ払って帰りました。またその1週間後Yさんがカウンセリングに来た際には、「最近お金がなくて困っていて、今日は4,000円しか持っていないので、これでお願いします」といってきました。
　それを聞いたカウンセラーは、「本来は7,000円もらうところなのに、なんで4,000円でカウンセリングをしなきゃならないんだ……」と不満に思い、その雰囲気がなんとなくYさんに伝わってしまい、それ以降Yさんは問題が解決していないにもかかわらず、気まずさからカウンセリングに行くことはありませんでした。

治療構造はお互いを守るためのもの

　これらはあくまで一例ですが、カウンセラーやカウンセリングルームがあらかじめ決めたルールである「治療構造」を守ることは、結果的にカウンセラーもクライエントも守ることとなります。

　「話したい気持ちを遮りづらい」「お金のない人からはお金を取りづらい」ですとか、「毎回大幅に遅刻してくる人をすぐ帰すのは忍びない」「できる限りのことはしたい」と思う気持ちがあったとしても、時間や条件に制限がある以上、全てに対応することは難しくなります。

　そういった場合に、「どういったルールを適用するのか」を、初回面接を始める際に共有しておくのが重要であることが、上の例からも考えられます。

メンタル不調のサイン
——こんな時は
カウンセリングへ

　「○○だったらカウンセリングを受けてもいい」とか「××だったらカウンセリングを受けてはいけない」ということはありません。いつでも、どんな話をしたいときでも、カウンセリングを受けることは可能です。

　ただ、「メンタル不調のサイン」という意味でいうと、「カウンセリングを受けるとよい」のは、日常生活・社会生活を通常通りに行えなくなったときや、いつも何かに悩まされているというときかもしれません。それは、精神的なものだけではなく、家族関係、夫婦・パートナー関係、友人関係、職場関係などの人間関係での悩みも含まれます。

　また、からだの症状として現れているものでも「心因性」といわれることがあります。心因性とは、社会的ストレス(対人関係など社会に生きる中で受けるストレス)によって起きるさまざまなもの(症状)のことをいいます。社会的な(精神的な)ストレスが、頭痛や肩こり、発熱、咳、めまい、胃痛、下痢になりやすい、蕁麻疹やアトピーなどの身体症状として現れることも多く、また不登校やひきこもりなどの形で現れることもあります。
　もちろん、身体症状がでている場合には、まずからだの病気を疑って医療機関に行くべきなのですが、それでも特に異状が見られなかったり、そのような症状や問題行動などが長く続いたりする場合には、カウンセリングを選ぶことができます。

　夫婦・パートナー関係や、家族関係、上司・部下などの人間関係でも、「話がうまく先に進まない」「気持ちが伝わらない」「いつもケンカになる」というときには、第三者としてカウンセラーを入れると、よりスムーズに話ができるかもしれません。

　以上のように、いろいろなシチュエーションでカウンセリングを利用することができますので、カウンセラーを目指す方もぜひカウンセリングを一度受けてみられるといいでしょう。

カウンセラーおすすめ
のセルフケア

　カウンセラーといっても人間ですので、クライエントの話を聴き続けていると、逆に自分がやられてしまうことがあります。

　たとえばトラウマを持つ方の話を聴き続けることで、カウンセラー自身がクライエントの悲しい辛い気持ちを受けてしまうことによって生じるストレスのことを、**二次的外傷性ストレス**と呼びます。

　二次的外傷性ストレス以外にも、やはりカウンセラーはいわゆる感情労働(自分の感情も、相手の感情等に影響を受け、感情を抑圧したり、自分の感情を用いて共感したりする労働)にあたりますので、さまざまな話がカウンセラー自身のストレスとして溜まっていくことがあります。このように、支援が行われている間に、支援者側がつぶれてしまわないためには、程よく**セルフケア**(自分を大切にすること)を行うことが大切です。

　セルフケアとして重要なことは、そんなに特別なことではありません。睡眠時間をしっかりとり、食事を味わって食べ、仕事と休憩時間、仕事とプライベートの時間をきっちり分けて、休めるときに休むことです。

　いろんなお悩みを聴いていると、ついつい日常生活の中でもずっとクライエントの悩みのことを考えてしまうかもしれません。ずっとカウンセリングやクライエントについて考えていると、当然ですが自分の中が悩みで満たされてしまい、カウンセラー自身もどんどんダメージを負っていってしまいます。

　そこでオススメするのは、なにかの合図(たとえばカウンセリング終わりに扉を閉める瞬間だったり、帰りの電車に乗った瞬間、家に着いた瞬間など、ボーダーを引けるタイミング)を作っておき、それ以降はカウンセリングのことを一切考えないなど、**切り替えスイッチ**を自分で決めておくことです。

　また、カウンセリングでは座りっぱなしで頭は使ってもからだをあまり動かさないということが多くなりがちなので、カウンセリングの合間や始業時、終業時に適度な運動やストレッチなどをすることもいいでしょう。

　さらに、日本のカウンセラーで軽視されがちなのが、なんと皮肉なことに「自分自身がカウンセリングを受けること」です。カウンセラーをしているのに、自分自身はカウンセリングを受けたことがないというカウンセラーは意外に多いのです。

自分自身がカウンセラーとして話を聴いた内容には守秘義務があり、他人に話すことは原則できませんが（スーパービジョンやケースカンファレンスなどを除く）、カウンセラーが自分自身のことを聴いてもらうのに、自分自身がカウンセリングに定期的に行くという体験もしておくといいでしょう。

　もちろん生涯にわたって通い続ける必要はありませんが、自分自身が体験したこともないものを他人にするのではなく、自分自身もクライエントとなってカウンセリングをうまく利用することは、セルフケアとしてもカウンセラー自身の学習（教育）としても、とても重要なことなのです。

第3章

心理カウンセラーとしての
働き方

心理カウンセラーが働ける
6つの領域

カウンセラーが活躍できる「領域」とは？

　カウンセラーとして働くことを考えた際に、実際にカウンセラーが活躍している「6つの領域」があります。「領域」といわれるとイメージが湧きづらいかもしれませんが、「分野」や「業界」と捉えていただくとよいかもしれません。

　カウンセラーが活躍する6つの領域とは、次の通りです。

カウンセラーが活躍する6つの領域

1 医療　　2 教育　　3 産業

4 福祉　　5 司法　　6 私設相談

　なんとなくカウンセラーがいる姿の想像がつく領域もあれば、まったくピンとこないという領域もあるでしょう。

　ひとくちにカウンセラーといっても、領域によって仕事内容はかなり異なりますし、勤務する場所や、勤務時間や雇用形態といった働き方、収入に関してもさまざまです。常勤で働ける職場もあれば、そもそも週や月あたりの勤務時間が決まっていたり、担当する業務量に応じて変動するような職場もあります。

　この章では、この6つの領域の概要と現状、それぞれの領域で活躍するカウンセラーとはどんなものかといったことを、筆者の知る限りで紹介します。

　紹介する全ての領域の中で、いくつかの職業については、「〇〇領域で働く場合のモデルケース」という形で、実際に働ける場所とその働き方、収入の目安や、必要な資格などを紹介させていただきました。

　あくまで目安としての例ではありますが、「自分の性格としてはどのような仕事が合っていそうか」、もしくは、「今の生活を基準にするとどのような働き方がよくて、それに近い働き方ができそうなのはどの領域か」「今持っている資格や経験を活かすにはどの領域か」といったように、実際にご自身がカウンセラーとして働くイメージを描くための参考になれば幸いです。

Ⅰ. 医療領域での働き方

働ける場所：公立病院、私立病院、クリニックなど

医療領域とはどんなところ？

　医療領域は、大きく分けると**「保険診療を行う病院・クリニック」**と**「自由診療を行う病院・クリニック」**とに分かれます。

　日本では、全ての国民が国民健康保険や社会保険、共済組合などの公的医療保険に加入する「国民皆保険制度（こくみんかいほけんせいど）」となっています。これは、毎月保険料を支払う代わりに、保険証を提示すれば医療費の負担を3割や1割などで済ませられる制度です[*1]。つまり、「かかった医療費のうち7割か9割を、あらかじめ全国民が支払った保険料から支払う」という仕組みになっているのです。こうした、保険証の提示により負担割合が軽減される医療機関[*2]のことを、保険医療機関といい、たいていの場合は、保険医療機関で医療を受けるのが一般的です。

[*1] ただし、高度先進医療は含まれません。
[*2] **医療機関**　医療機関のうち、病床（ベッド）を20床以上保有しているものを病院と呼び、20床未満の医療機関を診療所（クリニック）と呼び分けています。

それに対し、保険診療として認められていない医療（自由診療）については、自己負担が10割と比較的高額になります。

　保険診療を行う病院・クリニックでは、医師もその下で働く看護師などの医療従事者も、診療報酬（保険点数）を稼ぐことのできる医療行為を行って、患者から受け取った医療費を補う医療費（3割負担なら残りの7割）を、その診療報酬に応じて後から受け取ることができます。

　たとえば、500点の診療報酬がもらえる医療行為を行った場合、1点＝10円と換算すると5,000円になります。5,000円のうち3割（1,500円）を患者から受け取り、残りの7割（3,500円）を保険で受け取ります。

　公認心理師が行うカウンセリング・精神療法（心理療法）で診療報酬（保険点数）がつくものは、小児特定疾患のカウンセリングや集団精神療法、依存症精神療法などに限られていましたが、令和6年（2024年）度の改訂で、思春期・青年期（20歳未満）への必要なチーム支援や、心的外傷（トラウマ）を持つ人への心理支援にも対象が広がりました。

　以上のことから、ここではまず、多くの病院・クリニックで行われている「保険診療」内において、カウンセラーがどのように働くことができるのか（働いているのか）を紹介します。

　なお、先にも示したように、臨床心理士は国家資格ではないため、保険診療を行う際のガイドブック「保険診療の手引」には、臨床心理士ではなく「臨床心理技術者」という表記になっていました。臨床心理技術者は、特に臨床心理士の資格の必要性を求めるものではありません。現在は「公認心理師」と書き換えられています。

医療領域での働き方①臨床心理技術者（公認心理師（心理検査））

　医療領域(保険診療)において、臨床心理技術者／公認心理師が行って診療報酬が算定できる領域は、心理検査、集団精神療法、デイケア・ナイトケアなどがあります。

　心理検査は2024年2月現在、診療報酬が80点の心理検査、280点の心理検査、450点の心理検査に分けられており、もっぱら心理検査を行うことに従事するため雇用されることがあります。そのような心理検査担当の心理士のことを、**テスター**と呼びます。

　テスターは、医師からの「Aさんに、○○テストを実施するように」といったオーダー(指示)が入った際に、その指示通りの心理検査を施行し、医師に伝わりやすいように所見を作成し、その所見を医師に伝えます。

　ただ、心理検査を行った際の診療報酬も決して高くはないため、テスターの給与も高くしづらいのが現状です。今後、もう少し診療報酬が上げられることが望まれます。

クライエントに合わせて適切な検査を行います

医療領域での働き方②臨床心理技術者（集団精神療法/デイケア・ナイトケア）

心理検査のほかに、臨床心理技術者が行える診療報酬がつく行為として、**集団精神療法**と**デイケア・ナイトケア**があります。

集団精神療法は、1回の施行につき1時間を想定されており、1時間内で10名以内を同時に行う精神療法（心理療法）として、位置づけられています。診療報酬は2019年8月現在で1回あたり270点（入院の場合100点）となっています。

施行には、精神科医と1人以上の精神保健福祉士もしくは公認心理師の2人以上が必要とされています。集団精神療法には、たとえば「集団認知行動療法」「自律訓練法」「リラクゼーション法」などがあります。

デイケア・ナイトケアとは、精神障害のある患者が同じ場所に集まって、社会復帰のためのさまざまな活動を行うもので、公認心理師はここでも活躍することができます。施行には、精神科医のほか、2人（大規模なものにおいては3人）の従事者が必要とされており、その中に看護師、精神保健福祉士、作業療法士、公認心理師が明示されています。

これらの医療行為に関しては、（保険診療上）公認心理師のみが行えるものではなく、看護師や精神保健福祉士、作業療法士も行えるため、現在のところこれだけでは、公認心理師を雇用する病院・クリニック側のメリットとはなりにくい実情があります。

2010年に、保険診療における診療報酬の算定対象として、「認知行動療法」が加わりましたが、これは医師や看護士が行う場合の認知行動療法に限られているため、公認心理師も含めて他の職種の人間が行ったものに関しては、原則として**病院・クリニックによる無償のサービス**とされてしまいます。2024年6月以降では、心的外傷（トラウマ）への精神療法（心理療法）を公認心理師が行う場合に診療報酬がつくようになることは朗報かもしれません。

つまり、この点に関しても病院・クリニックにとっては、公認心理師に対して給与が支払いにくい要因となっているのは明らかです。公認心理師が国家資格として、カウンセリング・心理療法に対しても、さらに診療報酬が算定されるようになることが望まれます。

臨床心理技術者（公認心理師）

働く場所
病院、クリニック（診療所）、保健所など

働き方
雇用先の医療機関の定めにより、常勤職員もしくは非常勤職員として働く。個々の医療機関での勤務となるため、転勤などは少ない可能性が高いが、勤務条件は雇用先により異なる。

収入
カウンセリング（精神療法）1回あたり3,000円、非常勤職員として1日あたり15,000円（週1）で働くなど。
常勤職員として週5で働く場合、月20万円弱〜40万円台など、経験や年数による。

必要な資格
公認心理師、臨床心理士 *
＊当面の間は、臨床心理士として平成31年（2019年）3月末まで保険医療機関で従事していた者、平成31年（2019年）以降新たに臨床心理技術者として従事する者のうち、公認心理師の受験資格を有する者に限る。
参考：https://www.mhlw.go.jp/file/06-Seisakujouhou-12400000-Hokenkyoku/0000197998.pdf

　医療機関で働く場合、多くの場合は保険診療をしている医療機関（保険医療機関）で働くことを想定されるかと思います。その場合は、次のような業務を担当することが考えられます。

　　心理検査のテスター（心理検査を行う人）
　　カウンセラー（カウンセリング・心理療法を行う人）
　　集団精神療法の実施者
　　デイケア・ナイトケアで従事する職員　など

　現状、保険医療機関で心理職（心理カウンセラー）として働く場合には、公認心理師の資格やその受験資格が必須となります。ただし、公認心理師によるいわゆる精神療法などで診療報酬の対象となるものは限定的です。公認心理師が行う業務で診療報酬の対象となるものは「心理検査の施行」「集団精神療法」「デイケア・ナイトケア業務」などがあります（2024年2月現在）。

たとえば、通院精神療法や標準型精神分析療法、心身医学療法は診療報酬の対象ですが、医師が行った場合にしか診療報酬がつきません。また、認知行動療法も同じく診療報酬の対象ですが、医師や看護師(ただし看護師は医師と共同の場合のみ)が行った場合のみ対象となっており、公認心理師は対象外です(2024年2月現在)。なお、診療報酬は2年に1度改定が行われるため、最も近い改定としては、2024年6月に改定され、心的外傷(トラウマ)に関する精神療法が診療報酬の対象となります。

以上のことから、精神療法は診療報酬外で行われており、精神療法のみ自費で別の施設で行うということがなされています(混合診療の禁止[＊]があるため)。そのため、公認心理師は心理検査のテスターとして働く、あるいは保険診療とは分ける形で精神療法を自費で行うことがメインとなることが多いようです。上記のように診療報酬が新たにつけられるようになるものも、今後、適切に運用されていくまでには少し時間がかかるでしょう。

集団精神療法、デイケア・ナイトケアの様子

＊ **混合診療の禁止** 保険診療と保険外診療を同じ医療機関が一連の治療の流れの中で行うことは、原則として禁止されています。ただし、診断書料や予約料など一部例外もあります。

2. 教育領域での働き方

働ける場所：幼稚園、小中高等学校、大学、特別支援学校など

教育領域とはどんなところ？

　教育領域で働くカウンセラーは、児童生徒やその保護者へのカウンセリング、教職員へのコンサルテーション、教職員向けの研修会の開催や、保護者向けの講演会の開催などを行います。最も有名かつ人数が多いものは**スクールカウンセラー**です。

　1995年～2000年の間に、文部科学省（当時の文部省）主導でスクールカウンセラー活用調査研究委託事業が行われました。その頃すでに、アメリカなどの他国ではカウンセラーが学校に入っていましたが、日本では「カウンセラーは決められた部屋の中でクライエントを待ち、50分などの限られた時間の中でその部屋の中でのみカウンセリングをするもの」と考えられていたので、スクールカウンセラーとしてカウンセラーが学校に入ることにはさまざまな困難を伴いました。

もともとこの事業は元文化庁長官であった故・河合隼雄氏*が推進したもので、臨床心理士資格を世の中に知らしめるきっかけや、カウンセラーそのものを当時の子どもたち（今ではもう大人ですが）が知るきっかけとなったため、日本のカウンセリングの歴史上非常に大きいことと思われます。

その後、大学にも学生相談室が置かれたり、幼稚園に**キンダーカウンセラー**が巡回で行く地方自治体も出てきたりと、教育領域でのカウンセリングは拡充していっています。

スクールカウンセラーは月1~2回や週1回の非常勤職であるのがほとんどですが、名古屋ではスクールカウンセラーが常勤職になったり、さらに小学校や高校へのスクールカウンセラーの配置を増やそうとする動きが出たりするなど、さまざまな試みがなされてきています。スクールカウンセラーや学生相談室などは、週のうち数日間の開室も多く、夏休みなどの長期休暇のときは休みになることがほとんどです。お子さんがいらっしゃる方は家庭と仕事の両立がしやすいかもしれません。

予算の関係上、スクールカウンセラーは増加・減少どちらの可能性もありますが、今後の活躍が期待されます。

* **河合隼雄(1928-2007)**　日本の臨床心理学者。京都大学名誉教授。京都大学教育学博士。スイスユング研究所で日本人として初めてユング派分析家の資格を取得し、国内外におけるユング分析心理学の理解と実践に貢献した。

教育業界での働き方①スクールカウンセラー

教育領域では、やはりスクールカウンセラーとして働く人が一番多いでしょう。現在、スクールカウンセラーになる要件としては、下記のいずれかの資格を持つことが挙げられています。

> **スクールカウンセラーになるために必要な資格（下記いずれか）**
> 1. 公認心理師
> 2. 臨床心理士
> 3. 精神科医
> 4. 大学教員（臨床心理学）

スクールカウンセラーに準ずる者としては、大学院修士課程を修了した1年以上の心理臨床の相談業務の経験がある者、医師で1年以上の心理臨床の相談業務の経験がある者、大学や短大を卒業した者で、5年以上の心理臨床の相談業務の経験を有する者となっています。地域によっては、元学校教員や学校心理士、臨床発達心理士が含まれています。

スクールカウンセラーは、先述の元文化庁長官であり元京都大学名誉教授の河合隼雄が、生涯をかけて切り拓いた領域です。河合は、ユング派の心理臨床家で臨床心理士でしたが、こういった歴史があることから、スクールカウンセラーに関しては公認心理師だけではなく、臨床心理士の資格のみを持つ者でも従事し続けられる可能性があります。

●スクールカウンセラーとは…

臨床心理士や大学教員、精神科医が中心に務める小中高等学校勤務の非常勤カウンセラー。1995年に旧文部省が開始したスクールカウンセラー活用調査研究委託事業によるもの。当時は、1日8時間で時給5,000円前後のものが多かったが（地方自治体による）、当研究事業が終了してからは、スクールカウンセラー活用事業補助として、時間数が減るなどしている。2008年からは、全公立学校への配置や派遣が全国的に進められており、小学校にも広く配置することや、スクールカウンセラーの常勤配置を目指して動いている。そのため、都市部よりも地方でスクールカウンセラーが不足する現象が常に起こっている状態。

業務内容としては、学校における児童生徒・保護者へのカウンセリング、教員へのコンサルテーション（専門家間の助言）、教職員への研修会などがある。

教育業界での働き方②大学の学生相談室　相談員

　もともとは高等教育機関とされていた大学ですが、現在では、国内の少子高齢化による18歳人口の減少から、大学の名前や学部などにこだわらなければ全員が大学に入学できる**「大学全入時代」**となりました。それくらい18歳人口、ひいては子どもの人数が減少しているのです。

　大学入学のハードルが下がり、実際に大学への進学率も増えた結果、今度は入学した学生たちを卒業までに大学側がどれだけサポートできるかが重要になっています。

　そういった中、大学内の学生相談室では、臨床心理士や公認心理師をはじめとした**相談員**が、大学生の生活や学業などに関する相談を受けています。

　もちろん、キャリアの相談などはキャリアセンター（就職支援課）、健康の相談については保健管理センターと、役割分担は行われているものの、そういったキャリアセンターや保健管理センターでは相談を受けることが難しい場合にも、学生相談室が活用されています。

教育業界での働き方③幼稚園のキンダーカウンセラー

　キンダーカウンセラーは、幼稚園を定期的に訪問し、園児の様子を見て幼稚園の教職員や保護者への助言などを行います。

　教職員や保護者との相談（発達障害や問題行動の発達相談が多い）を担当したり、子どもとのかかわりによって、発達の遅れや障害などに関するスクリーニングを行ったりすることを業務とします。

　幼稚園は、学校教育法において規定されているため、キンダーカウンセラーは教育領域に属すると考えられます。

> **●キンダーカウンセラーとは…**
> 幼稚園で幼児や保護者、教職員へのカウンセリングや支援にあたるカウンセラーのこと。臨床心理士か公認心理師の資格、あるいはそれと同等の知識・経験を持つことが要件とされる場合が多いが、自治体により異なる。幼稚園に配置されているのではなく、定期的に訪問する形で行うことが多い。

　働き方は地方自治体などによって異なりますが、福祉領域における保育カウンセラー（保育園を担当）と重なる部分が多くあります。

スクールカウンセラー（公立の場合）

働く場所

小学校、中学校、高等学校、特別支援学校など

働き方

勤務時間や日数は各自治体により異なり、その地域の教育委員会で定められた形で働く。1日数時間、週1回といった勤務体系が多く、長期休みなど学校が休みの期間は勤務がないことが多い。

収入

時給5,000円前後（地方自治体によって異なる）、準スクールカウンセラーの場合は時給3,000円前後。

必要な資格

スクールカウンセラー*（下記のいずれかに該当）：
公認心理師、臨床心理士、精神科医、現役で大学の学長・副学長・教授・准教授または常勤講師か助教職に就いている者、もしくは左記の職に就いていた者。
*上記に該当しない場合、条件を満たせば「スクールカウンセラーに準ずる者」の資格を得られます。

　スクールカウンセラーには、公立のスクールカウンセラーと私立のスクールカウンセラーとがあり、本書では公立のスクールカウンセラーについて紹介します。私立のスクールカウンセラーは、学校ごとに独自に条件を決めており、まとめて書くことが難しいという事情があるためです。

　公立の場合、スクールカウンセラーのほかに「スクールカウンセラーに準ずる者」が任用される場合があります。こちらは下記のいずれかの条件を満たしている場合になることができます。特に地方では、公認心理師や臨床心理士の数が足りないことなどから、小中高等学校の元教員（OB・OG）が準スクールカウンセラーとして働いているケースがあります。

スクールカウンセラーに準ずる者（下記のいずれかに該当）

① 大学院修士課程を修了し、心理臨床業務または児童生徒を対象とした相談業務について1年以上の経験を有する者

② 大学か短期大学を卒業し、心理臨床業務または児童生徒を対象とした相談業務について5年以上の経験を有する者

③ 医師で、心理臨床業務または児童生徒を対象とした相談業務について1年以上の経験を有する者

上述のように、心理系大学院の修士課程修了生で経験者であること、大学や短大を卒業した者で5年以上の経験者であることなどが条件となるため、公認心理師や臨床心理士の課程を経ていない場合にはなることが難しいと考えられます。

　スクールカウンセラーの業務としては、以下のようなことを行います。

・児童生徒のカウンセリング
・児童生徒に対する心理教育
・教職員へのコンサルテーション、研修
・保護者のカウンセリング
・保護者に対する講演
・スクールカウンセラー便りの執筆
・教室の巡回や見学、児童生徒の様子を観察
・児童生徒が興味を持つような催し物を行う

　勤務時間は自治体により異なり、1日3~4時間のみの勤務、1日7~8時間の勤務とさまざまです。1校あたり週1回の勤務が多く、中学校を中心として働きながら、月3~4回のうち1度は同じ地域の小学校で働くなど、教育委員会で定められた形で働きます。そのため、一人で複数校を兼務している人（週2以上で働いている人）もたくさんいます。

　基本的に学校に合わせた勤務となるため、同じく就学中の子を持つ方などにとっては働きやすい環境といえるかもしれません。

　スクールカウンセラーは、現在「会計年度任用職員」とされているため、1年ごとの契約更新で、更新ができるかどうかの更新時期もギリギリであるため、安定して毎年働いていける保証はありません。特に都市部など、公認心理師、臨床心理士が多いところでは競争率が高いことも挙げられます。

スクールソーシャルワーカー

働く場所

市(区)役所・教育委員会、学校など

働き方

各自治体の教育事務所や教育委員会、または管轄の学校などで業務を行う。
基本的には地方公務員となり、その自治体の規定に従って働く。

収入

時給2,000円～4,000円前後(地方自治体や条件、経験などによって異なる)、
月額20万円～33万円前後など。※地方自体の規定により異なる

必要な資格

いずれかの要件を満たす者
1. 社会福祉士、または精神保健福祉士の資格を有する者
2. 社会福祉主事任用資格、または社会福祉士受験資格を有する者
3. 児童福祉司としての実務経験を有する者
※地方公務員法第16条(欠格条項)に該当しない者

　スクールソーシャルワーカーとは、児童や生徒が抱えるさまざまな問題に対し、児童・生徒本人や保護者、関係機関と連携して問題の解決を図る専門職です。スクールソーシャルワーカーとして行う業務は、以下のようなものが挙げられます[*]。

1. 児童生徒の状況把握、生活指導上の課題の整理、指導助言
2. 担当地域の学校園への教育的支援への助言
3. 担当地域のコーディネーターとの連携
4. 担当地域の小中学校との会議(教員やスクールカウンセラーら);チーム学校への参画とアセスメント
5. 必要に応じて保健センターなどにつなぐ
6. 民生委員(児童委員)らと連携しての見守り
7. 必要な研修実施やその他事項

　スクールソーシャルワーカーは、現在「会計年度任用職員」とされているため、1年ごとの契約更新で、更新ができるかどうかの更新時期もギリギリであるため、安定して毎年働いていける保証はありません。特に都市部など社会福祉士・精神保健福祉士が多いところでは競争率が高いことも挙げられます。

[*] 参考　大阪市 https://www.city.osaka.lg.jp/kyoiku/page/0000614223.html
　　　沖縄県 https://www.pref.okinawa.jp/edu/naha/madoguchi/jimusho/naha/003ssw/documents/r6sswinfo.pdf

3. 産業領域での働き方

働ける場所：外部EAP企業、その他企業

産業領域とはどんなところ？

　産業領域とは、働く人を対象とする領域のことです。いわゆる一般企業で働く人々に対し、臨床心理士などの心理士が、主に**EAP**と呼ばれるものの中で、企業内カウンセラーとして心理支援をするなどの活躍をしています。

　EAP(Employee Assistance Program：従業員支援プログラム)とは、従業員のメンタルヘルス不調に対する支援を行うプログラムのことで、企業内でカウンセラーを抱えている場合は内部EAPと呼びます。

　企業がEAPを内製化しておらず、外部のEAP専門機関と委託契約をして、自社の従業員に福利厚生としてEAPによるカウンセリングを提供しているものを、外部EAPと呼びます。

> **◉EAP(従業員支援プログラム)とは…**
> EAP(Employee Assistance Program：従業員支援プログラム)の略で、産業衛生のために企業が企業内にカウンセラーを配置したり、外注によって従業員がカウンセリングを受けることのできるサービスを提供したりするもの。

企業内カウンセラー

大企業内の保健管理室、外部EAP専門機関など

企業もしくはEAP専門機関と雇用契約を結んで働く(勤務体系は雇用形態による)。

各企業の規定による。

企業によるが、公認心理師や臨床心理士、産業カウンセラーを要件としている場合が多い。

　産業領域では、EAP(Employee Assistance Program：従業員支援プログラム)という形で心理支援を行うことが多いでしょう。

　外部EAPには、株式上場している企業から比較的小さな機関まであり、条件はさまざまです。機関によって、内部にカウンセラーを抱えて行っているところのほか、自社ではほとんどカウンセラーを抱えず、提携先の地域のカウンセリングオフィス(私設相談領域/開業)に、契約企業の従業員をクライエントとして紹介する形をとっている場合があります。

　EAPでもその機関によって規定はさまざまですので一概にはいえませんが、1回あたりのカウンセリング料金で報酬を支払う場合や、常勤または非常勤として雇用している場合があり、収入もさまざまです。

　企業の内部EAPとして働く場合、大企業であれば、他の従業員と同じように給与体系が決まっていることも多く、各企業の規定によって定められています。EAPを内部で抱えているということから、福利厚生が充実しているところが少なくないでしょう。

4. 福祉領域での働き方

働ける場所：児童相談所や福祉施設などの公的機関、老人ホーム、保育施設など

福祉領域とはどんなところ？

　福祉領域では、心理職の活躍できるところが多いように思われますが、現実的には福祉分野では金銭的に不足しているところも少なくありません。そのため、実際に働ける場所としては公費によってまかなわれる児童相談所や療育施設、心身障害者福祉センター、女性相談センターなど、いわゆる地方公務員の職場が多くなるでしょう。

　その中でも有名な職種として、児童相談所で働く**児童心理司**（従来の心理判定員）があります。児童心理司は、心理検査や面接を通して被虐待児などの児童の入所や通所など、児童の処遇を決めます。心理療法担当は分けられていることもありますが、児童心理司が心理療法も行う場合は多く、子どものプレイセラピー（遊戯療法）＊を行うなどが業務に含まれます。

＊ **プレイセラピー（遊戯療法）**　子どもは、カウンセリングにおいて大人と同じように言語を使って表現を十分にできないことから、自由な遊びを通して気持ちの表現を行い、安全で適切に制限された空間の中で、その自由な遊びを心理士との間で繰り広げることによって、子どもの心の浄化（カタルシス）を試みるもの。

プレイセラピーを行う児童心理司

　また、保育所を巡回、あるいは園専属の**保育カウンセラー**も福祉領域に入ります。
　保育カウンセラーは、保育者や保護者の相談のほか、子どもの発達や問題行動の
スクリーニングを行い、円滑に保育所での保育や家庭保育が行われることを補助
します。教育領域における**キンダーカウンセラー**と同様の役割を果たしています。

　その他、特別養護老人ホームや有料老人ホームといった高齢者福祉施設にも、
もっと心理職が参入してもいいものですが、介護報酬の不足が叫ばれている現在、
心理職を積極的に置いていくのは難しいように感じられます。

児童心理司（心理判定員）

働く場所

児童相談所、身体障害者更生相談所、知的障害者更生相談所、福祉事務所、障害者支援施設、障害児入所施設など

働き方

地方公務員として常勤にあたる。勤務体系は各自治体の規定により異なる。

収入

地方公務員にあたるため、公務員給与規定に基づく。

必要な資格

大学で心理学等やその他近接領域を専攻し、卒業後に地方公務員の採用試験（一般の公務員採用か専門職採用）に合格することで任用される。心理学系の大学院修士課程を経る場合もあるが、必須ではない。

　児童相談所で働く者は、元々「心理判定員」だったところ、特に「児童心理司」と呼ばれるようになりました。

　児童心理司の主な業務は、児童や保護者の相談にのることや、心理検査や観察などを通してアセスメント（心理査定）を行うことです。診断面接のほか、心理検査や児童の行動などを観察し、助言・指導を行います。心理検査（知能検査、発達検査、性格検査など）を行ったり、カウンセリングでその子の心理状態の把握をし、施設が利用できるか、援助計画を策定したり、関係者と連携しながら、虐待や障害、非行に関する相談業務を行います。

　児童相談所の一時保護所への訪問、学校や地域、家庭、施設へのアウトリーチ（訪問支援）などを行うこともあります。

5. 司法領域での働き方

働ける場所：裁判所などの公的機関

司法領域とはどんなところ？

　司法領域とは、弁護士や裁判官、検事をはじめとする司法分野のことを表しています。司法領域で活躍する心理士（といいきることはできませんが）としては、**家庭裁判所調査官**や**法務教官、保護観察官**が代表として挙げられます。

　家庭裁判所調査官も法務教官も保護観察官も、臨床心理士の資格は必須ではありませんが、臨床心理士になるための学びを業務に活かすことができる国家公務員とされています。給与が保証されにくい心理職において、これら国家公務員は安定した仕事としても人気があります。

> **◉家庭裁判所調査官とは…**
> 各家庭裁判所や高等裁判所に置かれる国家公務員のひとつ。家事事件や少年保護事件などの調査、人事訴訟の裁判、離婚における夫婦の現状把握についての調査を業務とする。心理学、教育学、社会学、社会福祉学などを学んでから職業に就く。

74

●**法務教官とは…**

法務総合研究所、少年院や少年鑑別所、刑務所、拘置所などで務める国家公務員の
ひとつ。非行を犯した少年に対し、教育・助言を行うことを職務とする。心理学のみ
ではなく、教育学や社会学、社会福祉学などの幅広い知識が必要。

●**保護観察官とは…**

地方更生保護委員会事務局や、保護観察所に置かれる国家公務員のひとつ。刑事施
設からの仮釈放、少年院からの仮退院、保護観察や更生保護に関することを職務と
する。心理学のみではなく、教育学、社会学、医学などの幅広い知識が必要。

　司法と関連する職種としては、矯正施設で勤務する法務技官（心理）、それ以外
の機関においては家庭裁判所調査官、保護観察官、警察での心理職などが挙げら
れます。その他、福祉とも関係する児童福祉関係の心理職、保健医療とも関係する
医療観察関係の心理職などがあります。また、盗撮などの犯罪加害者に対するカ
ウンセリングも民間のカウンセリングオフィスで行われていますので、それは私
設相談であり、ある意味では司法領域でもあるといえるかもしれません。

　たとえば司法領域においては、非行少年や犯罪の加害者といったカウンセリン
グに対する意欲が乏しい人が多く、また犯罪被害者はトラウマを抱えていてカウ
ンセリングが成り立つまでに時間がかかることが少なくありません。そのような
状況において、カウンセラー側の応対が被害者にとっての二次加害になってしま
わないように気をつける必要があります。

　また、コンサルテーションという形で、面接意欲の乏しいあるいは何らかの理由
で来談することが難しい場合に、その本人とかかわる家族や教員、関係機関の職
員、別の専門職と話し、チームとしてかかわることもあります。司法領域にかかわ
る人々は、犯罪の加害者・被害者、訴訟の原告・被告という、各人の人生においてか
なりストレスフルな状況にあります。そのような状況において、心理職（カウンセ
ラー）に何ができるかということは常に考える必要がありますし、また複数ある領
域の中でも特に難しい領域といえるでしょう。心理職が司法領域においてもさら
に効果的に活動していけること、役立っていけることを祈っています。

家庭裁判所調査官・法務教官・法務技官など

働く場所

家庭裁判所や高等裁判所、法務総合研究所、少年院や少年鑑別所、刑務所、拘置所、地方更生保護委員会事務局や、保護観察所など

働き方

国家公務員の規定に準ずる。

収入

国家公務員の規定に準ずる。

必要な資格

国家公務員試験に合格すること。

　司法領域では、上記の働く場所からも想像されるように、公務員として勤務することがメインとなります。働く場所や職業名によって、職務は大きく異なります。

　一般的にカウンセラーといわれて想像する職業とはイメージは離れているかもしれませんが、心理学を基礎として働く職業としては非常に重要な領域といえるでしょう。

　公認心理師などなんらかの資格が必要というわけではなく、それぞれの国家公務員試験に合格することが働くための要件です。公務員は地方公務員・国家公務員ともに法律などで給与体系が決まっており（俸給表）、不況の影響を受けにくいため、心理職としての仕事としては比較的安定しているといえます。

　家庭裁判所調査官、法務教官、法務技官などの国家公務員は、人材育成を行うという理由から全国に異動の可能性があり、数年ごとに異動が行われます。結婚していても単身赴任や家族での引越しを繰り返す可能性が非常に高いため、注意が必要です。

6. 私設相談領域（開業）での働き方

働ける場所：自身で設立したオフィスや自宅など

私設相談領域とはどんなところ？

　私設相談領域というとあまり聞き慣れない方もいらっしゃると思いますが、従来「開業」と呼ばれていた領域です。つまり、臨床心理士などの資格（今後は公認心理師資格も）を元にしたカウンセリングルームを独自に開業し、カウンセリングを生業とする場合を指します。

　私設相談領域には、公認心理師や臨床心理士の資格を持つ者のほか、それら以外のカウンセリング関係の民間資格を持つ者、その他さまざまなカウンセラーがいます。私設相談領域において、公認心理師・臨床心理士の資格を持って開業するメリットとしては、信頼性を確保できることのほか、教育・研修の機会が多く得られることから、自身の力量を高めていきやすいことなどが挙げられます。

臨床心理士による私設相談のカウンセリングルームはまだまだ少なく、公認心理師ができた後も、「（国家資格による）業務独占」はなされないことから、公認心理師・臨床心理士・その他民間資格を持つカウンセラー・何も資格を持たないカウンセラーなど、さまざまなカウンセラーが混在することになると思われます。

　そのような中においても、公認心理師は、これまでの臨床心理士と同じか、それ以上の信頼性を持ったカウンセラーとして、資格を持っていることのメリットは大きくなっていくと考えられます。

◆開業して働く場合のモデルケース

私設相談（開業）カウンセラー

働く場所
私設相談室（開業のカウンセリングオフィス）など

働き方
自営業として（あるいは法人登記を行い会社として）カウンセリングを行う。

収入
1回あたりのカウンセリング料金の規定や、開業する時間・日数などにより異なる。

必要な資格
法的にはカウンセリングを行うこと自体に特別な資格は必要なく、またカウンセリングオフィスの開業についても法的な規制は存在しないため、誰でも開業することは可能。

　コロナ禍でのオンライン会議システムの普及などにより、開業は比較的容易にできるようになったため、カウンセリングオフィスの部屋を持たず、オンラインでのみ開業する形態も増えてきました。そのため、他の領域でカウンセラーとして働きながら、あるいはカウンセラー以外の仕事をしながら、週末開業のような形で働いている場合も少なくありません。

　開業の収入に関しては、1回あたりのカウンセリング料金をどのくらいに設定するか、どんな人たちをクライエントとしてカウンセリングの対象とするか、どのくらいの日数・時間開室するか、そしてカウンセリングをしっかり継続できるかによって大きく異なります。

　とはいえ、医師よりも時間をかけてカウンセリングを行うことをメインにすることから、1日あたり担当できるケース数は限られますので、それによって収入の上限は自ずと決まってくるでしょう。

　ひっきりなしに空いている時間帯にクライエントが入ってくるわけではなく、土日や平日夜の時間帯のニーズが高いことから、開室曜日や時間帯によっても大きく収入額は左右されます。

　行政で行われるようなカウンセリングや健康保険の中で行われる医療行為とは異なり、開業でのカウンセリングはそれなりの料金をクライエントからいただかなくては成り立ちません。

　たとえば、週末開業としてオンラインで行う場合は、経費はほとんどかかりませ

んが、クライエントに来てもらう（Webなどで情報を見つけてもらう）ことには、労力や広告宣伝費がかかります。

　それなりの料金をいただく時点で、その料金に見合うような、少なくとも来てくれたクライエントが満足できるようなカウンセリングができないと、継続カウンセリングは行えないところから、ある意味腕が試される場といえるかもしれません。

　また、何か緊急事態が起きた際に責任を負う範囲が大きいため、医師の下で行うカウンセリングと比べると、心療内科・精神科と提携しておく、カウンセリングに関する保険※に入っておくなどのリスク管理がより重要といえます。

※ 日本公認心理師協会や日本臨床心理士協会で加入できる保険（賠償責任保険のようなもの）があります。

カウンセリング以外の相談先

もしあなたに、何か心配なことがあったら真っ先に思い浮かぶのは誰でしょうか？ それは家族や友人、パートナーかもしれませんし、学校の先生や医療機関の医師かもしれません。福祉に関わっている方なら、ケースワーカーやソーシャルワーカー、ケアマネージャーに相談することを考えるかもしれませんし、法律のことであれば弁護士、税金のことであれば税理士が思い浮かぶでしょう。カウンセリングは、唯一の相談先ではないのです。

では、精神的な悩みや性の悩み（セクシャルな悩みやジェンダーに関わる悩み）、人間関係の悩みや、その他どこに相談すればいいかわからないような悩みの場合はどうでしょうか？

もちろんそれを相談するのがカウンセリングであり、そこで働くのがカウンセラーなのですが、どんなところにカウンセリングがあるか、あるいはカウンセリング以外にどんな選択肢があるかということについて紹介します。

まず、カウンセリングはオンラインと対面のカウンセリングがあります。カウンセリングオフィスによっては電話やメール、LINEでのカウンセリングを受け付けているところもありますが、どうしても電話だと顔の表情が読み取れないとか、メールやLINEなどのテキストだと文字情報になるため、意味を間違って捉えられる危険性があるということがあります。

対面のカウンセリングでも意味を間違って捉えられることはありますが、相手（クライエント）の反応、つまり表情や次に発する言葉、声色、態度などの情報によって、すぐに訂正ができる場合が多いので、テキストよりは安全といえるでしょう。

また、通常のカウンセリングオフィスのカウンセリングや医療機関で行われる自費のカウンセリングが高額すぎて支払えないという場合には、大学附属の相談室を利用するという手もあります。これは学生だけではなく、地域に住む方など、子どもから大人までさまざまな方を対象にしているところが多いです。自分の家の近くの大学ではどのような相談が可能か、調べてみるとよいでしょう。

基本的には大学附属の相談室は学生のトレーニングの場ですので、学生がカウンセラーとして対応しますが、指導教官である大学教員や外部のスーパーバイザーと呼ばれる指導者が後ろについていることから、比較的安価でカウンセリングを受ける手段としてはいいかもしれません。

　その他、電話相談窓口としては、#いのちSOS(特定非営利活動法人 自殺対策支援センターライフリンク)やよりそいホットライン(一般社団法人 社会的包摂サポートセンター)、いのちの電話(一般社団法人 日本いのちの電話連盟)、こころの健康相談統一ダイヤル(都道府県・政令指定都市が実施する公的窓口)などがあります。
　子ども向けの電話相談窓口としては、チャイルドライン(特定非営利活動法人 チャイルドライン支援センター)、子供(こども)のSOSの相談窓口(そうだんまどぐち)(文部科学省)、子どもの人権110番(法務省)などが設置されています(以上、2024年1月1日現在)。

参考:厚生労働省電話相談窓口
https://www.mhlw.go.jp/stf/seisakunitsuite/bunya/hukushi_kaigo/seikatsuhogo/jisatsu/soudan_tel.html

　このような電話相談は繋がりにくいこともありますが、緊急で話を聴いてもらいたいときには選択肢として考えられる連絡先です。今後このような相談窓口が増え、さらに繋がりやすく、さらに気軽に利用できるような環境が整備されていくことを願っています。

第４章

心理カウンセラーになる
方法と資格について

心理カウンセラーになりたいあなたへ

未経験から心理カウンセラーを目指すことは可能？

　誰でも最初は未経験です。ですので、結論から言えばもちろん心理カウンセラーも未経験から目指すことは可能です。

　ただ、本格的に学びを続け、深めていきたいと思った場合には、やはり公認心理師か臨床心理士の資格を取ることを、可能な方には強くオススメしています。

　この2つの資格は、基本的に大学院まで行く必要がありますが、公認心理師は国家資格なので、今後いろいろな法制度が作られる・改定されていく際に公認心理師資格が組み込まれていき、仕事の幅が最大限に広がることが考えられます。

　臨床心理士は民間資格のため、法律に組み込まれていくことは難しいのですが、その歴史や実績から公認心理師に次いで心理カウンセラーとして働くうえでの基礎資格となっています。資格自体に変化はあっても、その位置づけは今後も変わらないでしょう。

　公認心理師や臨床心理士の資格を取得した場合、就ける仕事が増えるだけでなく、研修の受けやすさ(学ぶ環境の得やすさ)が高まるという利点があります。研修の中には、公認心理師や臨床心理士、医師免許(精神科医や心療内科医を含む)の資格が必須となるものが数多くあるのです。

　理由としては、公認心理師や臨床心理士の課程で学ぶ最低限の知識や技術があることを前提に学ぶ研修である、あるいは守秘義務を重視する研修であるといった点が挙げられます。この2つの資格は守秘義務に代表されるような倫理的なことを固く定めているため、これらの資格を持たない人が研修に入り、その人が倫理違反をした場合に、事例で扱われるクライエントや研修の参加者が守られないといった事態が起きることを防ぐためとも考えられます。

なぜカウンセラーになりたいのかを考えましょう

第2章でご紹介したように、心理カウンセラー(以下、カウンセラー)は、よく「話を聴くだけの簡単な仕事」と思われがちですが、ある意味で人の命や健康、人生に大きく関わりうる重大な仕事です。

まず、ここでは「心理カウンセラー」と呼ばれる職業に就く可能性を考えたとき、どういうふうに人生の選択をしていけばよいかのひとつのアイデアをご提案したいと思います。

次のページでは、あなたの「なぜカウンセラーになりたいのか」「どういう方法でカウンセラーへの道に進みたいか」という気持ちを深堀りするために、質問とそれに対する回答、その回答を選んだ方へのアドバイスをまとめてみました。

それぞれの質問に対して、回答を複数つけていますが、いずれも当てはまらない場合には最も近いものを読むか、全体を読んでみていただければと思います。

Ｑ１.あなたはなぜ、カウンセラーに なりたいのですか？

Ａ１. スクールカウンセラーや、医療・開業のカウンセラーにお世話になっ たから

　スクールカウンセラーや医療機関、開業のカウンセリングオフィスでカウンセリングを将来仕事にしたいと思われる場合には、国家資格である公認心理師を取得するために、あわせて6年間の公認心理師カリキュラムを備えた大学と大学院に行き、公認心理師の資格を取得することがオススメです。

　もしすでに公認心理師カリキュラム以外の学部学科専攻で大学を卒業している場合は、大学卒業後に2年間の臨床心理士指定大学院の修士課程に行き、臨床心理士の資格を取得するのもいいでしょう。ただし、Q2でも説明するように、公認心理師の資格がなければ医療機関でほとんど働けなくなることを考えると、公認心理師と比べてリスクはあるといえます。

Ａ２. 話を聴くだけの職業なら自分にもできそうだから

　ここまでお読みいただいておわかりかと思いますが、カウンセラーはただ話を聴くだけの職業ではありません。多くの方が、これまでの人生の中で「誰かに話を聴いてほしい」と思ったことがあるでしょう。それが「わざわざ医療機関を受診して」「具体的な症状や問題があって、なんとか症状をなくしたり、少しでも軽減させたい、問題を解決したい」といった場合においては、話をただ聴く以上のことが求められるのは容易に想像ができます。

　カウンセリングに訪れる方は、本当にさまざまな悩みを持ち、人生や困っていることの背景も人の数だけあります。そんな中でカウンセラーとして続けていくためには、常に学び続けることが重要です。

　また、開業カウンセリングでは、クライエントに見つけてもらうこと、有料でカウンセリングを受けようと思ってもらうことが難しく、ハードルは決して低いとはいえません。本当にカウンセラーを目指すのであれば、本書をよく読んでいただき、どんなカウンセラーになりたいか、本当にカウンセラーになりたいのかについてよく検討しましょう。

Ａ３．人にかかわって支援する仕事をしたいから

カウンセラーは、さまざまある対人援助職のうちの一つです。他の対人援助職（たとえば看護師、保健師、社会福祉士、介護福祉士、保育士など）と同じく、今では公認心理師という国家資格がありますが、あくまで公認心理師では資格であり、カウンセラーとイコールではありません。

まだまだカウンセラーは他の国家資格職と比べて十分に知られているとはいいがたく、公認心理師を持っていても非常勤の仕事も多いなど比較的に収入面では低くなりがちです。カウンセラーという仕事はさまざまな方の人生にふれる非常に興味深い仕事ですが、現実的な将来設計やどういう働き方をするかなどを踏まえて考えましょう。

Ａ４．心理学の学部（学科・専攻）に所属している・していたから

上述の通り、カウンセラーは一人ひとりの人生に関わる仕事であることや、収入面がまだまだ安定しているとはいいがたい仕事ですので、心理学の学部学科専攻に所属しているからといって安直に目指すのがよいとは限りません。

ただ、これは公認心理師や臨床心理士になることを否定しているわけではありません。心理学は文系と理系の間くらいに存在すると思われますが（生物学に近い部分や統計学を学ぶことなど理系的な要素も強いです）、文系の学部に心理学科や心理学専攻などが含まれていることが多いのが現状です。

理系と比べ、文系では大学院に行くことで就職はやや不利になりがちですので、興味深い職業としてのポジティブな情報だけでなく、大学院まで行くことのリスクも含めて、本書を読んで進路を決めるための一助としていただけたら幸いです。

Q2. 資格の取得を真剣に
考えていますか？

A1. 本気でカウンセラーとしてやっていきたいので、一番正統・安全なルートを歩みたい

本気でカウンセラーとしてやっていきたいと考えておられるのであれば、やはり国家資格である公認心理師が最もオススメです。この章で紹介する他の資格の中で、「持っていなければカウンセラーとして働けない」というものは多くはありませんが、公認心理師がなければ医療機関で働けない（精神保健福祉士や他の専門職としてであれば働けます）、臨床心理士や公認心理師、医師免許のいずれかがなければスクールカウンセラーになれないなどの制限があります。

以上のことから、本気でカウンセラーを目指す場合には、公認心理師を目指されることをオススメします。

A2. 公認心理師や臨床心理士をとりたいが、心理系でない大学在学中（卒業済）なので、どうするのが良いか悩んでいる

公認心理師か臨床心理士かでいうと、国家資格である公認心理師を目指すことをオススメします。ただし前述の通り、公認心理師は大学・大学院の公認心理師カリキュラムを経た上で試験を受けることが必要なため、まずは大学の公認心理師カリキュラム（基本は4年間）を修了することが必要です（詳細は「1.公認心理師」の項目を参照）。

基本的には大学1年生から4年間、公認心理師カリキュラムを受講することになりますが、大学1年生から入学し直さなくても、大学によっては3年次編入（大学3年生から編入）ができる場合がありますので、詳しくは各大学のホームページ等でご確認ください。

ただし、大学への再入学や編入をするということまでは考えづらい場合、**臨床心理士のみを目指すために、大卒時／大卒後に臨床心理士指定大学院を受験する**という選択肢もあります。とはいえ、上で述べたように臨床心理士資格のみでは（公認心理師資格がなければ）働けない場所がありますので、注意が必要です。

「臨床心理士指定大学院を修了した後、もしくは臨床心理士を取得した後に、も

88

う一度大学の（公認心理師カリキュラム対応の）学部に入学すればいいのでは？」
と思う方もいますが、公認心理師カリキュラムは、大学学部⇒大学院修士課程とい
う順番でカリキュラムを修めないと、試験を受ける基準を満たせません。そのた
め、もし臨床心理士指定大学院⇒公認心理師カリキュラムのある大学学部という
順番にした場合、その後もう一度公認心理師養成大学院に行く必要がありますの
で、十分気をつけてください。

A3．大学院まで行くお金や時間、労力はかけたくないが、心理カウンセ
ラーを本業にして頑張りたい

　公認心理師や臨床心理士はあくまで資格でしかなく、国家資格といえどもその
能力や技術を証明するものではありません。とはいえ、公認心理師や臨床心理士、
医師免許を持っていなければ入れない研修や、トレーニングコースなどがあります
ので、基礎的な力をつけておくためにはやはり公認心理師や臨床心理士を最低
限持っている方がいいかもしれません。

　カウンセラーとして本業で頑張りたいけれども、大学院に行ってまで資格を取
ることは考えづらい場合、同じく国家資格であるキャリアコンサルタントや精神
保健福祉士、あるいは児童相談所の児童心理司や家庭裁判所調査官、法務教官、
法務技官などの公務員になることが選択肢として考えられます。

　学ぶ環境としても働く場所としても、収入としても、民間のカウンセラー資格だ
けよりはこれら国家資格や公務員になることは、より安全で安心と考えられます。

A4．大学院まで行くお金や時間、労力はかけたくない。心理カウンセ
ラーも副業か趣味程度にできたら……

　正直なところ、カウンセラーとして責任をもってカウンセリングを行うには、本
業でも副業でも趣味でも、しっかり学び続け、クライエントを余計に悪くしてしま
わないように気をつけてもらえたらと思います。そういう意味では、最低限症状や
悩み、問題を余計に悪くしてしまうようなことがないように、カウンセリングの態
度や技術、倫理を学べる環境に身を置くことが大切です。

　A3.のように、別の国家資格の取得や公務員になる選択肢もありますが、短い期
間の中でカウンセラーになることを考えると、この章で紹介するような資格を参
考にご自身に合ったものを考えていただければと思います。

カウンセラーとして気をつけたいこと

カウンセラーとして最も大切なことは？

　カウンセラーとして最も大切なことは何でしょうか？　ただ話を聴くことや、上手に相づちをうつ、とではありません。治療に関する専門的技術を身につける、とでもありません。カウンセラーとして最も大切なこととして考えられるのは、**クライエントを余計に傷つけてしまわないこと**です。

　残念ながら、善意でカウンセリングをしている人であっても、意図せずクライエントの傷を余計に深くしてしまうことや、不信感をつのらせてしまうことが少なくありません。資格の有無に関係なく、そうした事態は生じています。

　もちろん、カウンセリングは人と人との関係性の中で行われるものですので、どんなに熟練のカウンセラーですら、予期せずクライエントに不快な思いをさせたり、相性が合わなかったり、何らかのタイミングが合わずに結果的に傷つけてしまう可能性はあります。異なる人間同士のやりとりですから、カウンセラーに限らず、私たち誰しもが全ての人とはよい関係を築けるわけではないことと同じです。

　また、傷つけないように心がけるのは当然として（それでも可能性をゼロにはできませんが）、カウンセラー側として「何をする」ことが優先されるのでしょうか？

　それは、クライエントとの**ラポール**（信頼関係）の形成や、クライエントとの**関係づくり**です。

　カウンセラーに限らず、完璧で絶大な信頼関係なんてものを作ることは至難の業でしょう。まずは最低限「この人にはプライベートなことを話しても、秘密を守ってくれそうだ」「自分の繊細な部分を話しても傷つけられることはないだろう」と思ってもらえるような人間関係を作ることが第一になってきます。

　カウンセラーは、そのような信頼関係をクライエントと少しずつ築きながら、不明な部分については詰問にならないように、そしてクライエントの話を不躾に遮ってしまうことにならないよう、丁寧に優しく聴いていく必要があるでしょう。

ただ「聴く」こと一つとっても簡単なことではありません。カウンセラーのトレーニングの中ではやはり「どのように聴くか」ということがテーマになることが多く、一つの決まった聴き方があるというよりは、いくつかの典型的な聴くための作法のようなものを身につけたうえで、何度もいろんな方と話をし、話を聴いていく中で、自分の反応（相槌やうなずき、質問など）によって、クライエントの表情や態度、話す内容がどのように変わるかを捉え、少しずつその場その場で調整していくことが、カウンセラーに求められることではないでしょうか。

　そういう意味でも、カウンセラーは常に「より良い聴き方」「より良い関わり方」をつきつめていく必要があるのです。

資格ビジネスに注意！

　本書を読んでいただいているみなさんは、「資格ビジネス」という言葉をご存知でしょうか？　資格には、これまで書いてきたように国家資格、民間資格とさまざまなものがありますが、「資格ビジネス」とは、企業が資格を作ることによって、その資格で儲けようとするビジネスモデルです。

　このビジネスモデルは一昔前に大きく流行りましたが、現在もないわけではありません。もちろん資格を作るビジネスが全て「資格ビジネス」として非難されるものではありませんが、ある資格を取得しても特に何の就職のメリットなどもないにもかかわらず、あたかもその資格が価値あるもののように大きく宣伝を行っている場合があります。

安易に取得を決意しないほうがよい？

　正直なところ、心理系やカウンセリング系の資格には、そのような「資格ビジネス」といわれるようなものはまだ多く残っています。名前は立派である程度よく知られていたり、ネット検索ですぐ出てくる資格でも、実際に学べる内容は中途半端であったり、ときには間違いが含まれていたりもするのです。

実際にはその民間資格を取得しても、カウンセリングの仕事はほとんどもらえないのに、資格取得だけを目指させるような詐欺に近いようなものも少なくありませんし、そもそも間違いがたくさん含まれている内容であれば、時間やお金、労力をかけるのも無駄になってしまいます。

　何よりも、苦しんでいる人たちの助けになりたくてそれらの資格を学んだ人が、資格ビジネスをする会社のせいで、お互いに嫌な思いをする結果になってしまうのは悲しいことです。

　以上のことから、公認心理師や臨床心理士が唯一素晴らしいものとは決して思いませんが、それほどまでに他の心理職（心理系資格）の方には、適切な知識や態度、技術が知れ渡っておらず、公認心理師や臨床心理士・あるいは医師のコミュニティの中でクローズドになってしまっているのだと思います。

　こういういわゆる「資格ビジネス」の被害（カウンセラー側にとっても、クライエント側にとっても被害となること）を少しでも減らすために、私たちには何ができるでしょうか？

資格を選ぶ際に意識したいこと

　ひとつめは、やはり公認心理師や臨床心理士の資格をできるだけ優先して学ぶことです。大学・大学院に行かなければならないので、かなりハードルは高いものになりますが、これはひとつの手段だと思われます（あくまで資格はそれ以上でもそれ以下でもありませんが）。

2つめは、いろんな心理系の資格に（主催団体がすごそうな名前であっても）、すぐに飛びついて学ぼうとしないことです。受講料が高いところでも、安いところでもそういったことは起こりえます。本書に載っている資格は学会が作っているものが中心であるため、参考にしていただけたらと思います。

　どうしても、「カウンセラーになりたい！」という人には、公認心理師や臨床心理士（あるいはちょっと相談の受け方や内容が異なるものの、精神科医や精神保健福祉士など）をオススメしたくなりますが、それでも「お金や時間はそこまでかけられないけど、カウンセラーになりたい！」とか「心理学系の資格をとりたい！」という人はたくさんいます。

　この章で紹介している「メンタルヘルスマネジメント検定」「認定心理士」などは、心理学系の検定や資格としては信頼できるものと思われますが、カウンセラーになりたい人や、「カウンセラーにはならなくても心理的な支援を行うための資格がほしい！」という方のニーズには適っていません。

　かといって、「○○カウンセラー」という名前で新しい資格を作ってしまうと、それはまた資格ビジネスに加担してしまわないかが心配です。

　このような現状を打破するために、個人的な考えですが、弊法人（国際心理支援協会）のような法人（会社）側の立場として、カウンセラーとして認定するものではないけれど、対人支援をしている人向けの心理学やカウンセリングの基礎をしっかり学んだことを証明できる資格ができれば……と思い描いており、「Biblio」（https://ipsa-study.net/）というサブスクリプション型の心理支援を学べるサービスを始めました。今後さらに拡大していく予定です。

　次のページからは、公認心理師や臨床心理士を含めた「心理カウンセラーとして働くために関連する資格」について、各資格の特徴や難易度、取得方法などを介しています※。他の資格に関しては、それぞれの領域や取得を目指される方の立場や取得目的などによって異なってきますので、これらを参考に、ご自身に合った資格を目指してみてはいかがでしょうか。

※ 掲載情報は2024年2月時点の最新情報となります。詳細は各問合せ先にご確認ください。

心理カウンセラーとして働くために
関連する資格（管轄）など

心理職や隣接領域で働ける資格

公認心理師（厚生労働省・文部科学省）
臨床心理士（臨床心理士資格認定協会）
精神保健福祉士（厚生労働省）
医師（精神科医、心療内科医）（厚生労働省）
産業カウンセラー／シニア産業カウンセラー（産業カウンセラー協会）

プラスアルファで取得するなら？

学校心理士（学校心理士認定運営機構）
臨床発達心理士（臨床発達心理士認定運営機構）
教育カウンセラー（教育カウンセラー協会）
メンタルヘルスマネジメント検定（大阪商工会議所）
心理相談員（厚労省の労働安全衛生法）（厚生労働省）

履歴書に書ける心理学の知識があることを示す資格

認定心理士（日本心理学会）
NLPプラクティショナー／マスタープラクティショナー（日本NLP協会）

カウンセリングにかかわる学会認定資格

カウンセリング心理士（カウンセリング学会）
交流分析士（交流分析協会と交流分析学会）
家族相談士⇒家族心理士補⇒家族心理士（家族心理学会、
　　　　　　　　　　　　日本家族カウンセリング協会）
応用心理士（応用心理学会）

カウンセリングとは異なるが隣接する資格

社会福祉士（厚生労働省）
介護福祉士（厚生労働省）
保育士（厚生労働省）

資格がなくても働ける心理領域＆隣接領域

法務教官・法務技官・保護観察官（国家公務員）
家庭裁判所調査官（国家公務員）
児童相談所　児童心理司・児童福祉司・児童指導員（地方公務員）

資格ではないがカウンセリングにかかわる職業

スクールカウンセラー
いのちの電話相談員（ただし1年半の養成研修（有償）があり、業務はボランティア（無償））

公認心理師

管轄省庁 厚生労働省・文部科学省(共管)／試験実施団体:日本公認心理師試験研修センター

概要

　公認心理師は、前述のように日本唯一の心理系の国家資格です。2018年の第1回試験から2022年の第5回試験までは、「公認心理師法の経過措置期間」とされ、さまざまな背景を持つ人が合格しています。こちらについては次のコラム「公認心理師法の流れ——Gルートの功罪」で説明していますので、興味のある方は参考までにご覧ください。

　コラムの中で説明しているように、この経過措置期間内に公認心理師の資格を取得した人の中にはさまざまな背景を持つ人が含まれます。現在では基本的に学部や大学院での指定科目の履修が必須となりますが、どのようなルートで公認心理師資格を取得したのかだけではなく、責任を担い学び続ける姿勢が、今後の公認心理師資格保持者としての信頼を得ていくことに重要だと思われます。

職務について

　公認心理師は、上記の通り唯一の心理系国家資格であり、まだ作られてあまり年月も経っていないことから、職務内容としては今後さらに豊かになっていく可能性があります。

　まず、代表的なものとしては本書の多くのページでご紹介している「心理アセスメント」「カウンセリング(あるいは心理療法)」「関係者支援」「心の健康に関する知識の普及のための教育や情報の提供」があり、これらは公認心理師法で定められている正式な業務といえます(第5章参照)。また、公認心理師は臨床心理学に限らない汎用的な資格であるともいえることから、「こころの健康に関する知識の普及のための教育や情報の提供」にもかかわって、それ以外の心理学的知識や情報の提供も含まれるといえるかもしれません。

　公認心理師試験で出題される内容(2024年9月時点では、第7回まで試験が行われています)からは、多職種連携やコラボレーション(協働)などの柔軟な動きも合わせて求められていると考えられます。そのため、個別の(個室の)カウンセリングだけでなく、ソーシャルワークと近い形での他の専門家やご家族、クライエントとのつながり、連携・協働は重要な職務として考えられるでしょう。

資格の取得方法

　大学の学部で公認心理師カリキュラム(実習80時間以上を含む)を履修し、大学院(修士課程)で公認心理師カリキュラム(実習450時間以上を含む)を履修し、修了することが条件となります。次の表のいずれかの区分に当てはまる者が、公認心理師試験に合格し、登録すれば公認心理師になれます。

公認心理師の資格取得方法について

法第7条第1号※	法第7条第2号※	法第7条第3号	特例措置（法附則第2条第1項第1号）	特例措置（法附則第2条第1項第2号）	特例措置 ※（法附則第2条第1項第3号および第4号）		上述の実務経験者による公認心理師現任者講習会ルート。第5回試験で終了。
4年制大学において施行規則第1条の2で定める科目（25科目）を履修した後、大学院において施行規則第2条で定める科目（10科目）を履修した者。	4年制大学において施行規則第1条の2で定める科目（25科目）を履修した後、施行規則第5条で定める施設で2年以上の実務経験を経た者。	公認心理師法第7条第1号及び第2号と同等以上の知識及び技能を有すると認定された者	（特例措置）平成29年9月15日より前に大学院において施行規則附則第2条で定める科目（6科目）を履修	（特例措置）平成29年9月15日より前に大学院に入学し平成29年9月15日以降に施行規則附則第2条で定める科目（6科目）を履修	平成29年9月15日以後に4年制大学において施行規則で定める科目（12科目）を履修し、平成29年9月15日より前に大学院において施行規則で定める科目（10科目）を履修した者	平成29年9月15日より前に、4年制大学において施行規則第3条で定める科目（12科目）を履修し、施行規則第5条で定める施設（プログラム施設）で2年以上の実務経験をした者。	
区分 A	区分 B	区分 C	区分 D1	区分 D2	区分 E	区分 F	区分 G

公 認 心 理 師 試 験

公 認 心 理 師 資 格 取 得 （登録）

※該当条文に基づく受験資格取得者には、施行規則で定める「準する者」を含みます

参考 https://www.jccpp.or.jp/shiken.cgi#exam_001_anchor_03

試験の内容	公認心理師の職責、臨床心理学、心理学一般、心理的アセスメント、心理学的支援法、主要5領域の心理学と法制度、人体の構造および疾病、心理学的研究法、心理統計学、精神医学など
合格基準	7つの受験区分により変動。
試験のスケジュール等	実施：年1回（第7回試験以降は、毎年1～3月頃に実施される予定。詳細は日本心理研修センターに問い合わせること）
受験料	28,700円
資格の更新	なし
問合せ先	一般財団法人 日本公認心理師試験研修センター
その他備考	第8回試験（2025年）は、2025年3月2日。

公認心理師法の流れ
──Gルートの功罪

　公認心理師法は2017年に成立・公布され、2018年に施行となり、2018年に第1回公認心理師試験が行われて2019年にその合格者が誕生しました。2018年の第1回試験から2022年の第5回試験までは、公認心理師法の経過措置期間とされました。

　この経過措置期間においては、大学院を修了したり臨床心理士資格を持っていたりしなくても、所持資格や肩書き、勤務地に関係なく、心理支援業務を2017年の9月をまたいで5年以上行っていると施設長から認められた者が、30時間の講習を経て、経過措置期間内に試験に合格すれば、公認心理師資格が取得できるという制度が設けられました。この第5回試験までの期間限定ルートは**Gルート**（Gルート（区分Gとも）；現任者講習会ルート）と呼ばれます。

　これにより、多くのGルート合格者が輩出されました。

　Gルート合格者には、さまざまな人が含まれています。

　公認心理師法の複雑さや、科目の内容/単位が大学・大学院で認められたか否かによって、たとえ臨床心理士の資格を持っている人であっても、心理系の大学院を修了している人であっても、また臨床心理士等の課程で教えている大学教授であっても、Gルートで受験する必要がある人が多かったためです。

　Gルートの対象をどういった条件の人たちにするかについて、当時の人たちが議論を重ねた結果、「施設長が2017年の9月を含む5年以上の間、心理支援を行ってきたと証明する者」が、「公認心理師現任者講習会を30時間受講することで、受験資格が得られる」ということになりました。

　ただ、ここでいう「心理支援」が何を指すのかの定義が曖昧であったことから、いわゆるカウンセラーとして専門で心理支援を行っている人でなくても、その対象となってしまいました。

　精神科・心療内科以外も含めた医師、臨床心理士、キャリアコンサルタント、産業カウンセラー、幼稚園教諭、小中高等学校教諭、特別支援学校の教員、ソーシャルワーカーやケースワーカー、保育士、精神保健福祉士、介護福祉士などのさまざまな資格を持ってこころに関する支援を行っている人、こころに関して「も」支援を行っている人がその対象となりました。つまり、必ずしも心理学的な支援をしている人

でなくても公認心理師国家資格を受験できたのが、経過措置期間です。

　心理学的な知識や技術、経験を持たずに対人支援を行ってきた人が、心理学的な知識や技術を専門として学び経験してきた人と同じ「公認心理師」という国家資格所持者になったことには、賛否両論の意見がみられます。

　心理学的な知識や技術、経験によらない対人支援をしてきた人が受験できる制度設計自体がマズいという意見や、心理学的な面接(個室の中で、1対1で行われるカウンセリング)以外の視点から、多角的な支援が行えるようになるきっかけとなった、あるいは多職種連携に役立つという意見などさまざまです。

　いずれの意見を持つにせよ、公認心理師の資格登録をした資格者は、公認心理師の職責(職業としての責任。職業倫理も含む)を常に考えつつ、公に認められた心理師(公認心理師)として、心理学的な知識を学び続ける(継続学習していく)ことが求められるでしょう。

臨床心理士

認定団体　公益財団法人　日本臨床心理士資格認定協会

概要

　臨床心理士とは、臨床心理士資格認定協会が定める文部科学省後援の民間資格で、1988年に臨床心理士第１号が出て以来、多くの臨床心理士資格取得者を輩出してきました（2023年4月1日現在40,749名）。

　臨床心理士は、数多くある心理学（発達心理学、社会心理学、知覚心理学、認知心理学など）の中でも、応用心理学（心理学の知見をなんらかの領域に応用して社会に役立てる）の一分野である「臨床心理学」に特化した資格として創設されました。

職務について

　臨床心理士に求められる専門行為としては、次の４つが挙げられます。

1. 心理検査を用いた心理査定や、面接での査定（アセスメント）
2. 臨床心理学的な面接による援助（カウンセリング）
3. 地域のこころの健康を守るための地域援助
4. 査定や面接などを含めた心理臨床実践に関する研究や調査、発表
※それぞれについて詳しくは第5章を参照

　臨床心理士は、他のページでもご紹介している通り、さまざまな領域でさまざまな対象に対して、いろいろな形での関わりを行いますが、最も典型的な「カウンセリング」という点に関していえば、来談した人（クライエント）との信頼関係づくりと情報収集、その中での心理査定（アセスメント）[1]（上記1）、そのアセスメントを元にしたカウンセリング（上記2）、カウンセリングにおいて行われる心理療法[2]が専門行為として挙げられます。

　スクールカウンセラーや被災地支援、その他地域への支援としての地域支援活動（上記3）、上記1～3を効果的に実践するための科学的（あるいは個々人の個性や特性に応じた質的な）研究や調査、学会発表（上記4）などが続いて挙げられます。

資格の取得方法

　臨床心理士資格の質を担保するため、1996年度に臨床心理士養成大学院の指定制度の導入が始まりました。臨床心理士の専任講師が５名以上おり、学内実習施設が充実した「第一種指定大学院」、第一種の基準には満たないものの、臨床心理士の専任講師が４名以上いるなど、一定の基準を満たした「第二種指定大学院」のほか、2005年には臨床心理学の「専門職大学院」の第1号が九州大学に設置されています。

　上記のように、臨床心理士資格を取得するためには、臨床心理士指定大学院や臨床心理士専門職大学院と呼ばれる大学院に、最低２年間行く必要があります。その２年間の課程で所定のカリキュラムを修めた者が、卒業した年の10月（大学院修了の半年後）にある筆記試験を受験し、通

※1 心理査定（アセスメント）については、第5章「心理査定」を参照。
※2 カウンセリングと心理療法の違いについては、第1章「カウンセリングと心理療法の違い」を参照。

れば次の面接試験に進むことができます。

　つまり、臨床心理士になるためには、4年制大学を卒業後、2年間の臨床心理士の資格のためのカリキュラムを備えた大学院（指定大学院）に行く必要があり、また大学院修了時には無資格であるため、修了後の少なくとも1年間は無資格状態で働きながら経験を積み、最短で大学院修了から1年後に、臨床心理士資格をもとにした就職をするということになります。

臨床心理士の資格取得方法について

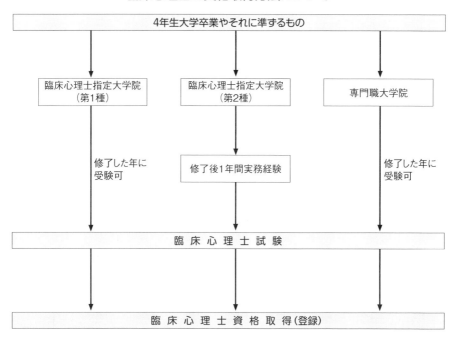

試験の内容	筆記試験（100題のマークシートによる「多肢選択方式試験」と、定められた字数の範囲内で論述する「論文記述試験」）、面接試験（2名の面接委員による「口述面接試験」）。
合格基準	―
試験のスケジュール等	実施：年1回（毎年10月筆記、11月面接）申込期間：受験当年の7月～8月頃合格発表：12月
受験料	30,000円（認定料50,000円）
資格の更新	5年ごと（更新にあたり、協会が定める条件を満たしてポイントを貯めることが必須）。
問合せ先	公益財団法人　日本臨床心理士資格認定協会
その他備考	※受験申請書類（1部1,500円）を必要な数請求すること。

3
精神科医（医師）

所轄　厚生労働省

概要

　精神科医とは、医師法で定められる国家資格である「医師」のうち、診療科として精神科を選択・標榜した場合に呼ばれる名称です。そのため、精神科医そのものは資格や免許ではなく、精神科を専門としている医師のことを指しています。

職務について

　精神科医は、あらゆる精神疾患の診療、診断、診断書への記載、薬物療法（投薬）、精神療法などを行い、多くの場合が保険医療機関で保険診療を行っていますが、自由診療を行っている方もいます。

　精神科医が行う治療には、薬物療法や精神療法などがありますが、患者が多くいるなどの事情から、薬物療法をメインにする医師が多く、精神療法は時間が少なくなりがちです。このことから、精神科医では薬物療法が中心となることが非常に多いといえますが、精神療法とは何でしょうか。

　医療機関の精神科において精神科医によって行われる心理療法のことを「精神療法」と呼ぶため、「精神療法（精神科で精神科医によって行われるもの）＝心理療法（公認心理師や臨床心理士によって行われるもの）」と考えてもほとんど問題ないかと思われます。

　ただし、2024年度（令和6年度）の診療報酬改定により、心的外傷（トラウマ）に対する精神療法や思春期・青年期に対する精神療法も公認心理師が行えるようになります*ので、「今後は、精神科医に限らず精神科（医療機関）で行われるものを、精神療法と呼ぶ」と考えてもよさそうです。

　精神科医として働くには、大学病院や総合病院、クリニックなどの、大小さまざまな規模の医療機関のほか、産業医として企業に所属するといった選択肢もあります。もちろん、自分で開業する方もいます。大規模な病院で働く場合は当直や緊急対応もありえますが、小規模な医療機関や開業の場合は働き方も大きく異なるでしょう。

精神科医になるには

　精神科医になるためには、まずは医学部（6年間）を卒業する必要があります。その後、2年間の初期研修（研修医）を終えて、大学病院の精神科医局に入局したり、精神科病院に勤めると、精神科医と名乗れるようになります。その他、精神科医には「精神保健指定医」や、日本精神神経学会が認定する「精神科専門医」があります。

　「精神科専門医」になるには、医師として5年以上の臨床経験のうち、3年以上の精神科臨床経験が必要とされています。3年以上の精神科臨床経験については、定められた精神科専門医制度研修施設において、精神科専門医制度指導医（略称：専門研修指導医、あるいは指導医）の指導のもと、研修プログラムに沿った精神科臨床研修を行うこととされています。

＊ これまでは医療機関で行われる公認心理師や臨床心理技術者、カウンセラーによるカウンセリング、心理療法（精神療法）は診療報酬外でした。

「精神保健指定医」とは、厚生労働大臣により、精神保健福祉法に関する職務を行うために必要な知識・技能を有するものとして指定された医師のことです。重度の精神障害のある患者に関する医療保護入院や隔離、身体拘束などの行動制限や、措置入院の解除に関する判断を行うことが認められています。事実上、法に基づいて強制入院をさせることができる権限が与えられています。

（精神科の）入院形態

通常、患者が自ら（任意で）入院することを「任意入院」と呼びますが、緊急の場合は、患者本人以外によって入院させることができ、その入院形態は以下のように分かれます。

・医療保護入院

患者本人による同意が得られないが、精神障害者の医療及び保護のため入院が必要な場合、精神保健指定医による診察と家族など※の同意に基づいて、本人の意思によらず精神科病院に非自発的に入院させることができる制度のこと。

※入院が必要であるが、家族等に連絡を取ることができず、同意を得られない、かつ自傷他害のおそれのない場合、本人の同意がなくても精神保健指定医診察により72時間に限り応急入院指定病院に入院させることができます。

・措置入院

自傷他害のおそれがある精神障害者を、都道府県知事の権限で精神科病院に入院させる制度のこと。精神障害の疑いのある人を発見したもの（警察官、検察官、保護観察所長、矯正施設長、精神科病院管理者、一般人）の通報の後、2名以上の精神保健指定医診察による判断によって、措置入院が必要と一致した場合に入院させることとなります。

※上記、措置入院の要件に該当するものの急速を要して手順通り踏めない場合に、精神保健指定医1名のみの診断で72時間に限り入院させることができる制度を、緊急措置入院と呼びます。

試験の内容	臨床上必要な医学及び公衆衛生に関して、医師として具有すべき知識及び技能の試験（医師国家試験）
合格基準	必修問題は、一般問題を1問1点、臨床実地問題を1問3点とし、総得点が、160点以上／200点。必修問題を除いた一般問題及び臨床実地問題については、各々1問1点とし、総得点が、220点以上／295点。禁忌肢問題選択数は、2問以下（第117回医師国家試験の合格基準より）
試験のスケジュール等	実施：年1回（毎年2月上旬） 申込期間：受験前年の11月頃 合格発表：3月（医師国家試験）
受験料	15,300円（医師国家試験）
資格の更新	なし
問合せ先	医師国家試験運営本部事務所
その他備考	―

＊ 家族などとは、配偶者、親権者、扶養義務者、後見人又は保佐人を指し、該当者がいない場合には市町村長（による同意）となります。

精神保健福祉士

認定団体　公益財団法人　社会福祉振興・試験センター

概要

　精神保健福祉士は、精神保健福祉士法(平成9年法律第131号)によって定められる精神保健福祉領域のソーシャルワーカーに関する国家資格です。精神科病院や総合病院において医療を受けている方や、その家族に対して、社会復帰のお手伝いや相談、助言、指導、その他、快適な日常生活を送るために必要な訓練・援助を行います。

　もともと、略称としてPSW(Psychiatric Social Worker)と呼ばれていましたが、国際的な呼称に合わせて、日本精神保健福祉士協会では、2020年よりMHSW(Mental Health Social Worker)という略称に変更がなされています。

職務について

　精神保健福祉士の働く場所は、精神科病院や総合病院の精神科、精神科におけるデイケアなどの医療分野、また自立訓練施設や就労移行支援施設、グループホームなどの生活支援サービスにあたる障害分野、自治体や保健所、精神保健福祉センターなどの福祉行政分野、保護観察所や刑務所、更生保護施設などの司法分野、その他社会福祉協議会や教育機関、企業など、さまざまなところがあります。

　精神保健福祉士の職務内容については、働く場所や役割によって大きく異なります。とはいえ、「精神保健」と名前についているとおり、精神障害のある方への相談を含めた生活支援を行い、権利擁護をし、医療と地域との橋渡しをするという点がメインといえるでしょう。

　生活支援サービスにおいては、日常生活における訓練(家事)を一緒に行ったり、就労支援や就労前の支援を行い、助言したりすることを職務とします。福祉行政機関では、法に基づいた各種手続きや支援事業、現在の状況の分析や計画の立案などにも幅広く関わります。

　また、司法分野では社会復帰プログラムの一員として業務を担います。社会福祉士と同じく、相談援助業務を行いますが、心の相談というよりは、精神保健福祉に関わる法制度や資源の活用に関する相談や手続きを中心としています。

資格の取得方法

　精神保健福祉士になるには、精神保健福祉士の国家試験に合格しなければなりません。精神保健福祉士の受験資格には、11種類のルートがあります。福祉系の大学や短大(学部・学科)で指定された科目を履修し、ルートによっては相談援助に関する実務を1〜2年経た後、またそれに加えて短期養成施設等(6ヶ月以上)・一般養成施設等(1年以上)にて学んだ上で(通学・通信・夜間)国家試験を受験することができます。夜間や通信などもあることから、働きながら資格取得を目指すことも可能です。

　ただ、上記のとおりルートが複数あり、かなり煩雑なので、ご自身の今の状況(大学の卒業状況、福祉系での指定科目の履修有無、相談援助実務の経験の有無など)を調べる必要があります。社会福祉士と精神保健福祉士の試験には「共通科目」と「専門科目」とがあり、一方の資格で「共通科目」を合格している場合、その部分は免除されます。

精神保健福祉士の資格取得方法について

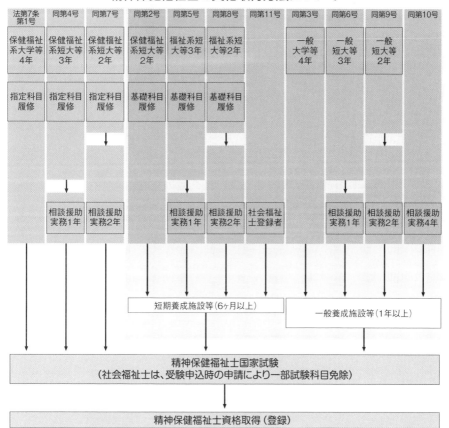

※短期養成施設・一般養成施設の入学に必要な学歴・相談援助実務などについては、各養成施設に問い合わせること。

参考　https://www.sssc.or.jp/seishin/shikaku/route.html

試験の内容	筆記試験のみ。全部で16科目群、うち11科目は社会福祉士との共通科目。出題形式は五肢択一を基本とする多肢選択肢制で、点数は1問につき1点の163点満点。
合格基準	総得点の60%程度。問題の難易度により合格基準が補正される。また、16科目群のうち1科目でも0点だと、全体の点数が合格点に達していても不合格になる。
試験のスケジュール等	実施：年1回（毎年2月上旬）申込期間：受験前年の9月上旬〜10月上旬 合格発表：3月上旬
受験料	24,140円（精神保健福祉士と社会福祉士を同時に受験する場合は36,360円）
資格の更新	なし
問合せ先	公益財団法人　社会福祉振興・試験センター
その他備考	―

社会福祉士

認定団体　公益財団法人　社会福祉振興・試験センター

概要

　社会福祉士は、社会福祉士及び介護福祉士法(昭和62年法律第30号)に定められる国家資格です。身体あるいは精神にかかわる障害のある方、または環境の都合により日常生活に困難をきたしてしまう方に対して福祉に関する助言や相談、指導を行う専門職です。

　福祉サービス提供者や医師、保健医療サービス提供者などとの連携、調整などの援助(ソーシャルワーク)を行うことから、一般的にはソーシャルワーカーと呼ばれる方が社会福祉士の資格を持っていることが多いでしょう。なお、ソーシャルワーカー自体は資格ではなく、「生活相談員」のことを指しています。

職務について

　社会福祉士の資格を持っていることで働くことのできる職場は、高齢者施設や障害者施設、児童福祉施設、社会福祉協議会、地域包括支援センター、児童相談所、市役所・区役所などさまざまです。

　社会福祉士の職務としては、ソーシャルワーク・相談業務です。ソーシャルワークとは、「地域にある社会資源を社会福祉士の専門職としての知識を用いて、個人が利用できる・しやすいように援助すること」です。誰かと誰か(個人や団体、地方自治体や国の法制度など)とのつなぎ役として、また実際に手続きの面でも活躍します。また、そういった社会資源をうまく活用するために、高齢者・障害のある方・児童(親子)の相談にのります。つまり、心の相談というよりは、法制度や資源の活用に関する相談や手続きを中心としています。

資格の取得方法

　社会福祉士になるには、社会福祉士の国家試験に合格しなければなりません。社会福祉士の受験資格には、12種類のルートがあります。福祉系の大学や短大(学部・学科)で指定された科目を履修し、ルートによっては相談援助に関する実務を1〜2年経た後、またそれに加えて短期養成施設等(6ヶ月以上)・一般養成施設等(1年以上)にて学んだ(通学・通信・夜間)うえで国家試験を受験することができます。夜間や通信などもあることから、働きながら資格取得を目指すことも可能です。

　ただ、上記のとおりルートが複数あり、かなり煩雑なので、ご自身の今の状況(大学の卒業状況、福祉系での指定科目の履修有無、相談援助実務の経験の有無など)を調べる必要があります。社会福祉士と精神保健福祉士の試験には「共通科目」と「専門科目」とがあり、一方の資格で「共通科目」を合格している場合、その部分は免除されます。

社会福祉士の資格取得方法について

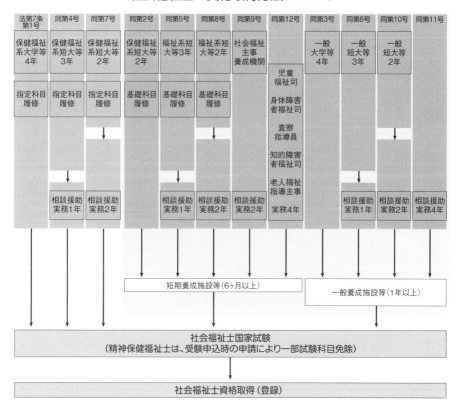

法第7条第1号	同第4号	同第7号	同第2号	同第5号	同第8号	同第9号	同第12号	同第3号	同第6号	同第10号	同第11号
保健福祉系大学等4年	保健福祉系短大等3年	保健福祉系短大等2年	保健福祉系短大等2年	福祉系短大等3年	福祉系短大等2年	社会福祉主事養成機関		一般大学等4年	一般短大等3年	一般短大等2年	
指定科目履修	指定科目履修	指定科目履修	基礎科目履修	基礎科目履修	基礎科目履修		児童福祉司　身体障害者福祉司　査察指導員　知的障害者福祉司　老人福祉指導主事				
		相談援助実務2年	相談援助実務1年	相談援助実務2年	相談援助実務2年	相談援助実務2年	実務4年		相談援助実務1年	相談援助実務2年	相談援助実務4年

短期養成施設等（6ヶ月以上）　　一般養成施設等（1年以上）

社会福祉士国家試験
（精神保健福祉士は、受験申込時の申請により一部試験科目免除）

社会福祉士資格取得（登録）

※短期養成施設・一般養成施設の入学に必要な学歴・相談援助実務などについては、各養成施設に問い合わせること。

参考　https://www.sssc.or.jp/shakai/shikaku/route.html

試験の内容	筆記試験のみ。各設問は5つの選択肢から正しいもの・適切なものを選ぶ形式で、全19科目（18科目群）、150点満点。
合格基準	総得点の60％程度。合格基準は問題の難易度により補正される。18科目群のうち1科目でも0点だと、全体の点数が合格点に達していても不合格になる。
試験のスケジュール等	実施：年1回（毎年2月頃）申込期間：受験前年の9月上旬～10月上旬合格発表：3月上旬
受験料	19,370円
資格の更新	なし
問合せ先	公益財団法人　社会福祉振興・試験センター
その他備考	令和4年度の合格率は44.2％で福祉系国家資格の中では最も難易度の高い試験となる。

6

介護福祉士

認定団体　公益財団法人　社会福祉振興・試験センター

概要

　介護福祉士は、社会福祉士及び介護福祉士法（昭和62年法律第30号）に定められる、介護福祉専門職の唯一の国家資格です。法律制定当初は「入浴、排泄、食事その他の介護等を行う」と定義されていましたが、平成19 年に「心身の状況に応じた介護を行う」と見直され、現在では医療的ケアに関する記述も加えられています。

職務について

　介護福祉士の活躍の場は、特別養護老人ホームや身体障害者施設などの入所施設、デイサービスセンターや就労継続支援A 型・B 型事業所などの通所施設、訪問介護事業所（ヘルパーステーション）などの訪問サービスをはじめ、さまざまな場所があります。また、公立の福祉施設などで公務員として働く介護福祉士もいます。主な業務内容としては、身体が不自由な高齢者や、身体もしくは精神に障害がある方に対しての、食事や入浴・排泄の介助などの身体介護や、話し相手になる、レクリエーションを行うなどのメンタルケア、家事全般のお手伝いをする生活援助、要介護者の家族に対して介護の相談や指導、助言を行うこと、就労のための支援や地域活動・社会資源の情報提供、介護のチームマネジメントなど多岐にわたります。

資格の取得方法

　介護福祉士になる主な方法としては、大きく分けて次の4つのルートがあります。受験資格を取得したのちに、国家試験を受験して合格する必要があります。

① 介護の実務経験を活かして介護福祉士の資格を取得する実務経験ルート
② 厚生労働大臣指定の四年制大学、短期大学、専門学校などの課程を修了することで受験資格が得られる養成施設ルート
③ 福祉系の高等学校の課程を修了している場合に受験資格が得られる福祉系高校ルート
④ 経済連携協定に基づいて、インドネシア人、フィリピン人、ベトナム人が、指定の研修を受けながら就労し、3 年以上の実務経験を積んで、日本の介護福祉士資格取得を目指す経済連携協定（EPAEPA）ルート

参考：公益社団法人日本介護福祉士会HP（https://www.jaccw.or.jp/about/fukushishi）

試験の内容	筆記試験と実技試験の2つ。筆記試験は11科目群、1問1点で合計125点満点。実技試験は一定の条件を満たしていれば免除対象となる。
合格基準	総得点の60%程度。ただし、問題の難易度により合格基準が補正されることもある。11科目群のうち1科目でも0点だと、全体の点数が合格点に達していても不合格になる。
試験のスケジュール等	実施：年1回（筆記：1月下旬、実技：3月上旬）申込期間：受験前年の8月上旬～9月上旬 合格発表：3月下旬
受験料	18,380円
資格の更新	なし
問合せ先	公益財団法人　社会福祉振興・試験センター
その他備考	過去の試験を受験した場合はインターネット申込みが可能。初めて受験申込みをする場合は、郵送で「受験の手引」を取り寄せる。

7

認定心理士

認定団体　公益社団法人　日本心理学会

概要

　認定心理士とは、日本心理学会が認める「大学において、心理学に関する基礎知識を学び修得したことを証明する」資格です。心理学部や心理学科ではなくても、心理学に関する諸単位を修めたことを示すことができます。心理学の専門家としての必要最低限の基礎学力や技能を認められたことを表すものです。

職務について

　カウンセラーや心理学の専門家としての高度な専門性を担う資格ではなく、大学で心理学に関する所定単位を修めたことの証明となる資格です。認定心理士の課程では、カウンセリングの技能を学ぶことは行っていませんので、認定心理士のみを根拠としてカウンセリングなどをする人は少ないでしょう。

資格の取得方法

　次の2つの条件を満たしたうえで、日本心理学会に認定の申請を行います。
　1. 大学（大学院）を卒業（修了）し、学士（修士）の学位を取得していること
　2. 大学（大学院）で所定の36単位以上を修得していること

第4章　心理カウンセラーになる方法と資格について

試験の内容	なし（所定の条件を満たしたうえで、日本心理学会に認定の申請を行う）
合格基準	―（試験なし）
試験のスケジュール等	―（試験なし）
受験料	認定料：33,000円（2024年4月より）
資格の更新	なし
問合せ先	公益社団法人　日本心理学会
その他備考	―

8

産業カウンセラー

認定団体　一般社団法人　日本産業カウンセラー協会

概要

　産業カウンセラーは、一般社団法人日本産業カウンセラー協会によって認定された民間資格で、通常の「産業カウンセラー」と「シニア産業カウンセラー」とがあります。1992年〜2001年の間は、産業カウンセラー試験が旧労働省の技能審査に位置づけられていたため公的資格とされていましたが、現在は民間資格となりました。産業カウンセラーは、心理学的手法により、働く労働者が自らの問題を自身で解決できるように援助する資格です。

職務について

　産業カウンセラーは、産業分野において、「メンタルヘルス対策の援助」「人間関係開発援助」「キャリア開発の援助」を職務として行います。

　実際に産業カウンセラー資格のみで「カウンセラー」として働いている人は少なく、管理職や人事担当職員などが受験することも多いようです。学習課程では、心理学全般に関して学びますが、傾聴重視のカウンセリング（クライエント中心療法）が中心となっており、心理療法や心理査定について深く学ぶ機会はありません。その代わりに、労働法などの法律関係が充実しているため、心理療法担当というよりは、人事労務寄りであるといえます。

資格の取得方法

　4年制大学において、心理学または心理学の隣接学問を修めて卒業したもの、あるいは成年であれば、約半年間の産業カウンセラー養成講座を修了することによって、産業カウンセラー試験の受験資格が得られます。試験は学科試験と実技試験とに分かれます。実技試験は受験者同士のロールプレイ面接と口述試験からなります。

　公認心理師や臨床心理士などと比べ、仕事をしながらでも取得しやすいことから、在職者の受験が多く、自身が企業内で資格を活かして働いたり、産業カウンセラー資格をもとに転職したりします。シニア産業カウンセラーはその上位資格とされており、一定の水準に到達したときにシニア産業カウンセラーを目指し、取得することができます。

試験の内容	学科試験、実技試験
合格基準	学科・実技6割以上程度
試験のスケジュール等	実施：年2回（毎年6〜7月頃、1月頃）申込期間：受験前年の10月頃まで※受験資格により異なる 合格発表：8月頃、3月頃
受験料	学科試験：11,000円、実技試験：22,000円
資格の更新	5年ごと（登録基準日から5年ごとの4月1日とし、全ての更新該当者を一括して更新）
問合せ先	一般社団法人　日本産業カウンセラー協会
その他備考	新しく産業カウンセラーの資格を取得した方は、協会に入会することにより「資格登録会員」となる。更新にあたっては毎年の年会費および資格登録更新時に資格登録更新料を支払うことが必須。

臨床発達心理士

認定団体　一般社団法人　臨床発達心理士認定運営機構

概要

　　臨床発達心理士は、一般社団法人臨床発達心理士認定運営機構の認定する資格です。一般社団法人臨床発達心理士認定運営機構とは、日本発達心理学会、日本感情心理学会、日本教育心理学会、日本コミュニケーション障害学会の連合体です。発達心理学に関する資格で、指定された単位を修めて大学院修士課程を修了することで資格審査を受けられます。

職務について

　　臨床発達心理士の職域は広く、クリニックなど医療機関だけでなく、保育所や幼稚園、こども園、中学校、高校、大学、児童養護施設、高齢者施設等、日常生活の中での人々への支援を行います。この資格を持っていないことで働けない職場はほとんどないかと思われますが、子どもの発達に関する心理の専門家という意味で有名な資格といえるでしょう。

資格の取得方法

　　資格の申請タイプは、タイプⅠ、タイプⅡ-1、タイプⅡ-2、タイプⅢ、タイプⅣの5つがあります。

　　タイプⅠ：発達心理学隣接諸科学の大学院修士課程在学中または修了後臨床経験3年未満（院修了タイプ）
　　タイプⅡ-1：臨床経験が3年以上（現職者院修了タイプ）
　　タイプⅡ-2：臨床経験が3年以上（現職者学部卒タイプ）
　　タイプⅢ：大学や研究機関で研究職をしている（研究者タイプ）
　　タイプⅣ：公認心理師資格を取得している（心理師タイプ）

　　それぞれに要件があり、それらの要件を満たしたうえで、一次審査（書類審査・筆記審査・事例報告書審査・業績審査（タイプにより含まれるものは異なる））と二次審査（口述審査）を経て資格が認定されます。

試験の内容	受験タイプにより異なる。一次審査：タイプⅠ…書類審査・筆記試験、タイプⅡ…書類審査・筆記試験あるいは事例報告書審査、タイプⅢ…書類審査・業績審査、タイプⅣ…書類審査 二次審査：複数の審査者による口述審査（個別面接）
合格基準	―
試験のスケジュール等	実施：年1回（筆記試験9月頃（結果通知11月頃）、二次審査12月頃（結果通知12月頃））申込期間：受験当年の8月頃 合格発表（認定発行物送付時期）：2月頃
受験料	認定審査料：33,000円、登録料：12,000円（2022年度まで）
資格の更新	5年ごと（更新審査料19,800円、更新のための条件あり）
問合せ先	一般社団法人　臨床発達心理士認定運営機構
その他備考	受験前年の2月～当年の7月頃までの間に、臨床発達心理士認定申請ガイドを購入し、申請書類の準備をすること。

学校心理士

認定団体 一般社団法人　学校心理士認定運営機構

概要

　学校心理士は、一般社団法人学校心理士認定運営機構に認定された資格です。一般社団法人学校心理士認定運営機構とは、日本教育心理学会、日本特殊教育学会、日本発達障害学会、日本発達心理学会、日本LD学会からなる5構成学会と、日本学校心理学会、日本応用教育心理学会、日本生徒指導学会、日本学校カウンセリング学会からなる4連携学会の連合体です。学校心理学に関する資格で、指定された単位を修めて大学院修士課程を修了することで資格審査を受けられます。実務経験が不足する場合は、学校心理士補を申請することができます。また、教員免許状(専修)に「学校心理学」の付記も可能です。

職務について

　学校心理士は、学校などをフィールドとした「心理教育的援助サービス」の専門家です。学校生活における問題に対して、アセスメントやコンサルテーション、カウンセリングを行うことで、保護者や教師、学校に援助を行うことを職務とします。

　名称がスクールカウンセラーと似ていますが、スクールカウンセラーは臨床心理士や精神科医、大学教員が任用されることとされているため、学校心理士資格によって準スクールカウンセラーを行っているものは少数ですが存在し、また私立の学校でスクールカウンセラーとして採用されることがあります。学校・教育関係の心理学関連資格の中では最も有名なものの一つといえるでしょう。

資格の取得方法

　10種類ある申請類型(学校心理学関連大学院、公認心理師関連大学院、教職大学院の修了及び修了見込み、教員経験や保育士、予備校講師経験、相談機関の専門職、大学・短大教員、学校管理職や教育行政職、公認心理師、海外の資格取得者、准学校心理士資格)によって申請書類などが異なります。試験内容も、論述式や多岐選択式など、申請類型により異なります。

試験の内容	申請する類型によって試験の種類が変わるため、該当者へは7月中旬頃に詳しい案内を発送する。試験Ⅰ(論述式)・試験Ⅱ(多枝選択式):筆記試験、試験Ⅲ(面接試験)、試験Ⅳ(講習会+論述式)
合格基準	－
試験のスケジュール等	実施:年1回(8月頃) 申込期間:受験当年の5月〜6月頃(7月〜9月頃が審査期間となる) 合格発表:9月頃
受験料	認定審査料:33,000円
資格の更新	5年ごと
問合せ先	一般社団法人　学校心理士認定運営機構・日本学校心理士会
その他備考	合格した場合、審査結果通知書に記載された期日までに登録料・会費(5年分)の納入が必要。学校心理士登録料:20,000円 会費(5年分):30,000円 (合計50,000円)

教育カウンセラー

認定団体　特定非営利活動法人　日本教育カウンセラー協会

概要

　教育カウンセラーは、NPO法人日本教育カウンセラー協会が定める民間資格です。「初級教育カウンセラー」「中級教育カウンセラー」「上級教育カウンセラー」の3種類があります。初級の資格取得後に、認定要件が揃えば中級や上級の資格認定試験を受けることができます。

　教育活動で教育カウンセリングの考え方や技術を活用できる教育者としての「初級教育カウンセラー」、学校・職場で、ガイダンス・カウンセリングのリーダーとして活動できる教育者としての「中級教育カウンセラー」、専門性を活かし、研修会等で講師あるいはスーパーバイザーとして他の人の指導に当たることのできる教育者としての「上級教育カウンセラー」があります。

職務について

　教育カウンセラーは、学級経営や進路指導、対話のある授業、特別活動、心理教育、個別面談、ガイダンスの年間計画づくり、ガイダンスカリキュラムの開発、生活環境の変化に起因するストレスを予防するためのカウンセリング、コンサルテーション、地域・家庭支援、調査研究、指導といった幅広いことがらを、学校、学級、授業内で行います。

資格の取得方法

　初級教育カウンセラーになるには、相談・援助に関係する実践歴が2年以上あることが必要です。また、教育カウンセラー養成講座を修了していること、認定申請自己評価票（NPO法人日本教育カウンセラー協会のHP参照）の総合点が11ポイント以上あること、そのうえで認定試験に合格する必要があります。

試験の内容	筆記試験と小論文。
合格基準	試験の際に認定申請書と自己評価票を提出する必要があり、総合点で合否が決まる。
試験のスケジュール等	初級は協会に問い合わせ、中上級は毎月1回試験開催。
受験料	※初級の場合…合計で69,000円ほど 養成講座受講料：35,000円 資格申請料：10,000円 合格した場合：登録料20,000円および1年分の会費4,000円
資格の更新	あり（7年ごと）
問合せ先	特定非営利活動法人（NPO）日本教育カウンセラー協会
その他備考	年会費4,000円を払っていない場合、資格は消失する。

カウンセリング心理士

一般社団法人 日本カウンセリング学会

概要

カウンセリング心理士とは、一般社団法人日本カウンセリング学会が認定する民間資格です。昭和61年(1986年)より「認定カウンセラー」という名称で認定業務を行っていましたが、2020年に「カウンセリング心理士」に変更されました。実践だけでなく研究にも強い資格かつ研鑽を積み重ねられる資格とされています。

職務について

他の民間資格と同様に、特にこの資格を持っていなければできない職務はありません。さまざまなカウンセリングについて詳しく知っていることで、カウンセリング業務やそれに近しい業務の中で、自身の置かれた立場として活かすことが目指されます。

資格の取得方法

カウンセリング心理士を取得するためには、まず日本カウンセリング学会に入会する必要があります。日本カウンセリング学会に入会するには次の条件を満たす必要があります。

・4年制大学の卒業者で、カウンセリングの研究もしくは学習または実践を行っていること

・短期大学、高等専門学校、専門学校、旧学生による高等学校及び専門学校の卒業者の場合は3年以上、高等学校の卒業者の場合は6年以上の学習または実践を行っていること

または、日本心理学諸学会連合が認定する心理学検定2級合格者かつ22歳以上であること、その他常任理事会で入会相当と認められる場合が入会の条件となります。

認定申請のための要件は、学会に正会員や名誉会員・推薦会員として3年以上、あるいはカウンセリング関係の修士課程在学者や修了者では1年以上在会し、会員としての義務を果たし、会員としてふさわしい者であること、または学会が定める210時間以上のカリキュラムを定められた研修基準に基づき学習されていることとなります。その他、大学教員や相談機関のカウンセラーで推薦された場合(推薦方式)も定められています。そのうえで、本人からの申請により、書類審査と筆記試験、技能試験(口述試験)を受け、合格すれば資格を取得できます(推薦方式の場合は書類審査と面接試験のみ)。

試験の内容	試験方式の場合:筆記試験、技能試験(口述試験)筆記試験は60問程度、面接試験は1人20分程度。
合格基準	70%程度
試験のスケジュール等	実施:年1回(毎年10月〜11月頃) 申込期間:受験当年の8月頃 合格発表:1月〜2月頃
受験料	入会申込金:10,000円 審査料:20,000円 資格認定料(審査が通った場合):30,000円
資格の更新	あり(更新時期に学会事務局より申請書類が送られる)
問合せ先	一般社団法人 日本カウンセリング学会
その他備考	―

交流分析士

認定団体　NPO法人　日本交流分析協会／日本交流分析学会

概要

　交流分析士に関する資格には、NPO法人日本交流分析協会が認定する「交流分析士」と、日本交流分析学会が認定する「日本交流分析学会認定 交流分析士」とがあります。ここではその中でも初心者向けの資格である日本交流分析協会認定の交流分析士について紹介します。「交流分析（TA ： Transactional Analysis）」は、アメリカの医師エリック・バーンによって開発された心理療法で、精神分析の口語版（精神分析があまりに難解なため）とも呼ばれています。人格理論によってその人の心の状態を分析し、クライアントの対人関係のパターンを読み解くことで、好ましい方向に変えていくことを目指します。

職務について

　他の民間資格と同様に、特にこの資格を持っていなければできない職務はありません。交流分析について詳しく知っていることで、交流分析を職場の自身の置かれた立場で活かすことが目指されます。

資格の取得方法

　交流分析士には、「交流分析士初級」、「交流分析士2級」、「交流分析士1級」、「交流分析士インストラクター」、「交流分析士准教授、教授」「TA心理カウンセラー」「TA子育ち支援士」があります。
　NPO法人日本交流分析協会に入会・会員登録後に、定められた講座を受講することで受験資格を得ることができます。たとえば初級だと、協会が実施する初級講座（20時間）を受講し、1日間の認定試験に合格することが条件です。2級では講座40時間の受講と2日間の認定試験、1級では講座42時間の受講と2日間の認定試験と、上に上がるにつれて時間数が増えるなど難易度が増していきます。

試験の内容	交流分析に関する内容（講座で教えられる内容）
合格基準	－
試験のスケジュール等	各講座の修了後
受験料	※NPO法人　日本交流分析協会 初級を受験する場合 　講座が26,950円、認定試験が17,600円、登録料が13,200円ほど。
資格の更新	なし
問合せ先	NPO法人　日本交流分析協会／日本交流分析学会
その他備考	・NPO法人　日本交流分析協会 入会金4,000円、年会費は6,000円。 ・日本交流分析学会 入会金は無料。学生会員、一般会員、正会員の3つがあり、学生会員の年会費は3,000円、一般会員は6,000円、正会員は8,000円。

応用心理士

認定団体　日本応用心理学会ほか

概要

　応用心理士は、1933年から続く日本応用心理学会から作られた認定資格です。心理技術者養成教育課程に関する提案の流れの中で、個人や集団の心理学的指導に努力している人びとの社会的地位を承認するための一助となるよう、1995年に作られました。

職務について

　他の民間資格と同じく免許ではないため、これを所持していなければできない職務はありません。人事・労務関係や、医療・看護関係、司法矯正関係、交通関係、教育関係、相談関係などの仕事に従事するうえで心理学の重要性を発揮し、社会に応用していくことを目指しています。

資格の取得方法

　資格応募に関する基礎的条件として、日本応用心理学会に入会後2年を経過し、現在会員であることが必要です。加えて、以下のうちのいずれか1つに該当し、応用心理学の専門職の資質があると認められた者に認定されます。

資格応募要件

1. 学校教育法に定められた大学または大学院において、心理学専攻又はこれに準ずる分野を卒業あるいは修了した者（学位授与機構の審査により学士の学位を授与された者も含む）。
2. 本学会機関誌『応用心理学研究』に1件以上の研究論文（共著も含む）を発表した人、または本学会の年次大会において2件以上の研究発表（単独発表または責任発表のもの）をした者。
3. 認定審査委員会が応用心理学と関係があると認めた専門職で、3年以上の経験を有する者。
4. 応用心理学と関係ある職で3年以上の経験を有し、本学会研修委員会企画の「研修会」に5回以上参加した者（申請時に5回分の「受講証明書」を添付すること）。

参考：日本応用心理学会HP（https://j-aap.jp/）

試験の内容	（日本応用心理学会の場合）本学会に入会後満2年を経過し、現在会員であることを基礎的条件に、所定の4つの条件のいずれか1つを満たした者に限り、資格申請し、応用心理学の専門職としての資質があると認められたら認定される。
合格基準	―
試験のスケジュール等	申請受付期間：年2回（毎年4月〜6月、10月〜12月）審査結果通知：8月、2月（認定の場合、当月中に認定料を振込）認定証の送付：9月下旬、3月下旬
受験料	（1）審査料：10,000円　（2）認定料：30,000円
資格の更新	なし（日本応用心理学会の会員である間は有効）
問合せ先	日本応用心理学会
その他備考	日本応用心理学会を退会した場合は資格を失う。

心理相談員

認定団体　中央労働災害防止協会

概要

　厚生労働省労働基準局所管の特別民間法人である中央労働災害防止協会が認定する、労働衛生に関する資格です。厚生労働省では、労働者の心の健康増進のために「心と体の健康づくり運動(トータル・ヘルスプロモーション・プラン：THP)」を推進しています。中央労働災害防止協会が実施する「心理相談専門研修」を受講し、3日間の課程を修了したうえで、中央労働災害防止協会に登録・認定されることで資格を取得できます。

職務について

　各事業場において、「働く人のこころの健康づくり」をサポートする産業保健スタッフとして、職場のメンタルヘルス対策の取り組みを行います。主にストレスに対する気づきの援助やリラクゼーションなどの指導、また、労働者からの相談に応じ、産業医や産業保健師、または外部の医療機関などにつなぐといったことを行います。

資格の取得方法

　次に当てはまる方には、受験資格があります。

・心理相談専門研修への対象者、衛生管理者、保健系国家資格(医師・保健師・看護師・助産師・管理栄養士など、その他要問合せ)、産業カウンセラー、認定心理士、公認心理師、精神保健福祉士、臨床心理士、社会福祉士、労働衛生コンサルタント、キャリアコンサルタント、社会保険労務士、中央労働災害防止協会実施の「運動指導専門研修[*]」または「ヘルスケア・トレーナー養成研修[*]」を修了した方、中央労働災害防止協会実施の「事業場内メンタルヘルス推進担当者養成研修」、「管理監督者・職場リーダーのためのメンタルヘルスラインケアセミナー(1日コース)」を2つとも修了した方。

※現在は実施なし。

試験の内容	なし(講座のみ)
合格基準	修了すれば登録可能
試験のスケジュール等	―(試験なし)
受験料	賛助会員:44,550円、一般:49,500円
資格の更新	なし
問合せ先	中央労働災害防止協会
その他備考	―

家族相談士

認定団体　一般社団法人　家族心理士・家族相談士資格認定機構

概要

　家族相談士とは、日本家族心理学会と日本家族カウンセリング協会が協同で1992年に作った資格で、一般社団法人家族心理士・家族相談士資格認定機構が認定しています。現在従事している職種に、家族支援という視点を加えて支援を行うこと、多職種連携において、それぞれの立場や役割の違いを認識し、協働・協力することが家族相談士に求められます。

　一般社団法人家族心理士・家族相談士資格認定機構が認定する資格に「家族心理士」や「家族心理士補」という資格もありますが、これは公認心理師や臨床心理士としてすでに1年以上、1,000時間以上の家族援助の臨床経験がある方や、家族心理学会等で所定のポイントを獲得した方、大学院で家族療法や家族心理学の講義の単位を取得済みの方が、資格認定試験（書類審査・面接審査）を受けて合格した場合に取得できる資格です。

職務について

　他の多くの民間資格と同じく、資格に紐づいた職務が定められているわけではありません。一般的に、心理的な悩みやいわゆる「問題」の背景としては、家族の影響が少なくありません。家族の影響はよい影響も悪い影響も含むと考えられますが、カウンセリングなど相談業務の中で、個人のみならず家族という単位で悩みや症状、「問題」と呼ばれているものに対して対応することが職務といえるでしょう。

資格の取得方法

　家族相談士では、申請条件として3つが定められています。

1. 家族相談士養成講座が開かれていますので、養成講座に登録・修了をした場合。
2. 家族心理学の領域で、研究実績および臨床経験（家族カウンセリングに関連ある実践経験）を有する者。
3. 家族相談士の資格を失効した者で、2年以内に再審査を希望する者。

家族相談士と似た資格である「家族心理士」「家族心理士補」については、上の「概要」で述べたとおりです。

試験の内容	筆記試験、面接試験
合格基準	―
試験のスケジュール等	実施：年1回（2月〜3月頃）申込期間：受験前年の11月〜12月頃 ※合格発表は非公開のため、認定団体にお問合せください。
受験料	申請書類：1,100円、認定審査料：22,000円、資格登録料：33,000円
資格の更新	5年ごと
問合せ先	一般社団法人　家族心理士・家族相談士資格認定機構
その他備考	資格更新申請費用：11,000円、資格更新登録費用：22,000円

メンタルヘルス・マネジメント検定

認定団体　大阪商工会議所／施工商工会議所

概要

　メンタルヘルス・マネジメント検定とは、大阪商工会議所と施工商工会議所が主催・認定する民間資格です。働く人のこころの不調を未然に防止するために必要な知識を習得し、職場における役割を考慮したメンタルヘルスケアを実践するためのスキルを身につける資格です。メンタルヘルスケアやストレスに関する基礎知識、セルフケアの重要性やストレスへの気づき方、対処、社内外資源の活用などについて学びます（Ⅲ種 セルフケアコース）。検定には次の3つのコースがあり、必要な受験資格は特に定められていません。

- Ⅲ種（セルフケアコース）…一般社員を主な対象とする。自身がどのようなストレスを抱えているかを把握するため、必要な知識やスキルを身につけ、必要に応じて助けを求めることができることを目標とする。
- Ⅱ種（ラインケアコース）…管理監督者（管理職）を主な対象とする。自身が所属する職場における部下に対するメンタルヘルスケアについて学び、こころの不調が見受けられる従業員に対応する方法や、休職した従業員をサポートするためのスキルを身につけ、安全配慮義務に則った対応を行えるようにすることを目標とする。
- Ⅰ種（マスターコース）…人事労務管理スタッフ、経営幹部を主な対象とする。企業全体のメンタルヘルスケアに関する計画や、従業員向けのトレーニングの企画・立案・実施をしたり、産業保健スタッフや専門機関との連携をできるようにすることを目標とする。

職務について

　あくまで検定であり、特に職務が定められたものではありません。しいていえば、上記のようにそれぞれのコース（Ⅰ種〜Ⅲ種）に到達目標が設定されています。そのため、企業で働く従業員、管理職、人事労務管理スタッフ、経営幹部が労働安全衛生法に定められるような安全配慮義務をそれぞれの立場から果たすことが職務ということもできるかもしれません。

資格の取得方法

　毎年、公開試験と団体試験が行われています。それぞれの申込期間に間に合うように、メンタルヘルス・マネジメント検定のホームページから確認し、申込みを行います。

試験の内容	筆記試験のみ、出題形式は選択形式と論述形式（マスターコースのみ）。
合格基準	Ⅲ種とⅡ種は100点満点中70点以上。Ⅰ種は選択問題と論述問題の合格得点が105点以上かつ、論述問題の得点が25点以上であること。
試験のスケジュール等	Ⅲ種とⅡ種は年2回ほど、Ⅰ種は年1回のみ試験開催。
受験料	Ⅲ種5,280円、Ⅱ種7,480円、Ⅰ種11,550円。
資格の更新	なし
問合せ先	メンタルヘルス・マネジメント検定試験公式ホームページ
その他備考	公式ホームページにて受験要綱の請求、ダウンロードが可能。

18

NLP プラクティショナー／NLPマスタープラクティショナー

認定団体　アメリカでは全米NLP協会、NLP comprehensive、NLP universityなど
日本では日本NLP協会など

概要

　NLPとは、Neuro Linguistic Programing(神経言語プログラミング)の頭文字を取ったもので、1970年代に数学者リチャード・バンドラーと、言語学の学者ジョン・グリンダーが体系化した、心理学や言語学を用いたコミュニケーションにアプローチする方法です。NLPの資格はレベル順に、NLPプラクティショナー、NLPマスタープラクティショナー、その上にNLPを教えることのできるトレーナーやマスタートレーナーと4つに分かれています。多くの人が目指すのがNLPマスタープラクティショナーまでの資格です。

　NLPは、カウンセリング/心理療法で当時、天才と呼ばれていた3人のセラピスト(ミルトン・エリクソン、フリッツ・パールズ、ヴァージニア・サティア)の技法の分析から生まれました。現在はビジネスや教育、医療、家庭でも用いられます。

　NLPは、公認心理師や臨床心理士の課程の中ではほとんど教えられません。3人の天才セラピストについては、エリクソンは現代催眠、パールズはゲシュタルト療法の創始者として、またサティアは家族療法のマスターセラピストとして知られています。これら3人のセラピストの技術を取り入れたNLPが本当に役立つものとなるかは、当然ではありますが、それぞれのセラピストの腕にかかってきます。

　セラピー/カウンセリングが良いものになるためには、セラピストがどんな技法を用いるかということだけでなく、それまでのクライエントとの関係づくりやセラピストの態度、そして見立て(心理アセスメント)が非常に重要です。

　そのような見立てに関しては、公認心理師や臨床心理士の課程でより重視されています。NLPを学ぶ場合にも、そのような見立て、関係づくりなどについて学び、技法のみに偏らないように気をつけるのがよいでしょう。

職務について

　上述のように、NLPとはコミュニケーションという誰でも行っているものをよりよくするアプローチですので、職務が決まっているわけではなく、さまざまな場所で用いられています。

資格の取得方法

　NLPは複数の団体で教えられており、NLPプラクティショナー/NLPマスタープラクティショナーの認定は団体によっても(米国NLP協会、全米NLP協会、日本NLP協会など)大きく異なりますので、まずは各団体の規定を確認してみてください。

　学ぶ団体によって、受講料(プラクティショナー認定コースの場合、30万円弱〜40万円程度)やトレーナーやトレーニングの質なども大きく異なってきますので、受講を考えている方は、よく比較して選びましょう。

健康心理士（日本健康心理学会）

認定団体　一般社団法人　日本健康心理学会

概要

　認定健康心理士とは、一般社団法人日本健康心理学会が認定する民間資格です。健康心理学によって国民の健康の向上に貢献し、健康心理学の研究と実践の進歩と発展に資するために、1996年に設けられました。認定健康心理士には、「健康心理士」「専門健康心理士」「指導健康心理士」の３種類があります。

　臨床心理学がこころの悩みや人間関係の悩み、「問題」とされることを対象とする心理学であるのに対し、健康心理学とは、心身の健康の維持や増進、疾病の予防に特に力点を置いた心理学です。そのため、認定健康心理士は、このような健康維持・増進・予防という観点での心理学の専門家の資格といえるでしょう。

職務について

　その他の民間資格と同じく、資格の取得がそのままカウンセラーにかかわる就職に直結するものではありません。ただし、健康心理学を修めた証明として、児童相談所、社会福祉施設、病院関係、警察関係などの職場で、対人援助を行う際に、健康心理学の知識を活かすことができるでしょう。

資格の取得方法

　認定健康心理士には「健康心理士」「専門健康心理士」「指導健康心理士」の3種の資格が含まれますが、順に取得難易度が高くなります。「健康心理士」の場合、学会が認定するカリキュラムを有する大学（認定校）を、認定カリキュラムを修めて卒業した場合に資格試験を受けることができます。認定校以外の大学（健康心理学や公認心理師資格取得に関する履修科目を設置している大学の学士課程）の出身者は、不足する単位数に応じて、日本健康心理学会の主催する研修会を受講しカリキュラムを補い、資格試験を受けることができます。その他の４年制大学、あるいはそれに準ずる大学を卒業し、心理学検定２級以上等の要件を満たしたうえで、面接＋健康心理学筆記試験を受けることで、資格取得を目指すこともできます。

参考：一般社団法人日本健康心理学会認定健康心理士資格申請の手引き
　　（https://kenkoshinri.jp/kensyu/tebiki2023_2.pdf）

試験の内容	受験資格により異なる。
合格基準	―
試験の スケジュール等	申込期間：申請書類受付期間は毎年10月～2月、ほか受験資格により別途申請が必要。実施期間は日本健康心理学会に問い合わせること。
受験料	受験料：面接のみ 7,000 円／面接と試験 1 科目 10,000 円　審査料：10,000 円
資格の更新	なし
問合せ先	一般社団法人　日本健康心理学会　認定事務局
その他備考	入会金として3,000円、年会費として正会員・準会員とも7,000円が必要。

音楽療法士(日本音楽療法学会)

認定団体　一般社団法人　日本音楽療法学会

概要

　一般に音楽療法士といわれる資格には2種類あり、そのうち「認定音楽療法士」とは、一般社団法人日本音楽療法学会が認定する民間資格です。「音楽療法士(専修・1種・2種)」という全国音楽療法士養成協議会による称号もありますが、ここでは日本音楽療法学会が認定する資格としての音楽療法士について紹介します。

職務について

　音楽療法士は、音楽そのものが持つ力と人と人との関わりによって、クライエントを多面的に支援することを職務とします。音楽療法は、言葉によるセラピー、カウンセリングが難しい場合においても有効と考えられています。音楽療法には、能動的に自ら曲を歌ったり演奏したりする方法と、受動的に音楽を聴く方法とに大きく分けることができ、個別でもグループでも行うことができます。音楽療法の対象は、児童から高齢者、健常者から障害者までと幅広くさまざまです。そのため、活躍の場は病院などの医療機関、高齢者・障害者施設などの福祉施設、特別支援学級などの教育機関などさまざまです。音楽療法士は非常勤職が多く、介護福祉士などの資格を同時に持って働く場合や、音楽療法士と他の非常勤の仕事をかけもちで行う場合なども多くあります。単独で活躍するよりも、他のレクリエーションと併用して行う、あるいは理学療法士や作業療法士、言語聴覚士などのリハビリ専門職や、介護福祉士や看護師などの医療福祉職と連携するなど、複合的なケアを行うことが多いでしょう。

資格の取得方法

　高校卒業後に大学や短大、専門学校などの資格試験受験認定校で必要なカリキュラムを修了すると、認定音楽療法士(補)の受験資格が取得できます。卒業後に、音楽療法士(補)の試験を受験・合格した後、面接試験に合格すると、認定音楽療法士の資格を取得できます。「音楽療法士」には複数の団体が独自に認定している資格があり、認定基準が統一されてないため、現状では誰でも音楽療法士を名乗ることができますが、音楽療法を専門とする「音楽支援士(仮称)」を国家資格化する取り組みも進められており、今後変わる可能性があります。

試験の内容	音楽療法士(補):筆記、面接 音楽療法士:筆記、面接、実技 筆記…マークシートを用いた多岐選択式問題100問+小論文。小論文は日本音楽療法学会認定音楽療法士資格審査(面接試験)の口頭試問の対象。実技…課題曲から試験当日面接官に指定された1曲の弾き歌い(コロナ禍以降は課題曲の動画を提出)。
合格基準	―
試験のスケジュール等	実施:年1回(筆記試験1月頃、面接試験3月頃) 申込期間:受験前年の11月頃
受験料	―
資格の更新	5年ごと(音楽療法士)
問合せ先	一般社団法人　日本音楽療法学会
その他備考	合格率は60%程度。合格発表と受験料は非公開のため、認定団体にお問合せください。

行動療法士®（日本認知・行動療法学会）

一般社団法人　日本認知・行動療法学会

概要

　行動療法士®とは、一般社団法人日本認知・行動療法学会が認定している民間資格です。行動療法とは、学習理論に基づく行動を変容させるための心理療法の総称で、望ましい行動を増加させたり、望ましくない行動を減少させたりするという形で、心理支援を行います。行動療法士® は、「認定行動療法士」と「専門行動療法士」の2つに分けて認定が行われています。

職務について

　行動療法や認知行動療法については、公認心理師や臨床心理士でも有名でよく用いられる心理療法ですが、こと行動療法に関して、専門的に学ぶにはトレーニングを受ける、スーパービジョン（指導）を受ける、学会に出るなどのコミットが必要です。職務として、この資格を持たないとできないというものではありませんが、自信を持って行動療法を行うための指標にはなると考えられます。

資格の取得方法

　認定行動療法士と専門行動療法士のどちらも、日本認知・行動療法学会に入会する必要があります。入会するには、①大学学部卒業以上もしくは同等の知識があること、②認知・行動療法に関わる医療や教育、心理、福祉などの職業で2年以上の勤務経験があること、この2つを満たしたうえで、入会審査を受けます。

　認定行動療法士になるには、以下の条件をクリアする必要があります。

1. 学会会員年数が1年以上である
2. 学会が主催する行動療法に関する研修を合計6時間以上受けている
3. 学会での研究発表が1回以上、または「認知・行動療法」に関係する研究論文を1編以上公表している

　また、専門行動療法士になるには、以下の条件をクリアする必要があります。

1. 学会会員年数が5年以上、または認定行動療法士の資格取得から2年以上経過している
2. 学会が主催する行動療法に関する研修を合計30時間以上受けている
3. 学会で1回以上研究発表をしている
4. 行動療法に関係する研究論文を1編以上公表している

試験の内容	認定行動療法士：書類審査、レポート審査　専門行動療法士：書類審査、レポート審査、面接
合格基準	—
試験のスケジュール等	—
受験料	認定行動療法士：資格審査料10,000円、資格登録料10,000円　専門行動療法士：資格審査料30,000円、資格登録料20,000円（ただし、認定行動療法士の資格を所有している場合は資格登録料不要）
資格の更新	認定行動療法士：初回3年、以降6年ごと　専門行動療法士：6年ごと2回、以降更新不要
問合せ先	一般社団法人　日本認知・行動療法学会　資格認定委員会
その他備考	—

資格が無くても「心理カウンセラー」を名乗れる？

　　まず、国家資格の公認心理師のお話から考えましょう。1章で、公認心理師は名称独占資格ですが、業務独占資格ではないということをご紹介しましたので、そちらも併せてお読みください。

　　公認心理師でない者が「公認心理師」を名乗ったり、「心理師」という言葉を用いた肩書きや資格を名乗ったりすることは、公認心理師法で禁じられています。

　　次に、民間資格である臨床心理士についてです。臨床心理士は日本臨床心理士資格認定協会が認定する資格で、臨床心理士は商標登録が行われているため(特許庁商標登録番号：第4808560号)、臨床心理士でない人が臨床心理士を名乗れば、商標法違反(商標権の侵害)となります。

　　これらに対して、「カウンセラー」や「心理カウンセラー」という言葉は、「相談に乗る者」「心理的な相談に乗る者」という意味で使われていますが、一般的な言葉ですので、公認心理師法にも商標法にも違反せず、誰でもカウンセラー、心理カウンセラーと名乗ることができます。また、「心理士」についても同様です。誰でも心理士という言葉を名乗ることは可能です。

　　ただ、「○○カウンセラー」や「○○心理士」というふうに、カウンセラーや心理士という言葉の前に、なんらかの文字が付加されている言葉については、商標登録されているものや、商標登録されていなくても長年使われているものも存在しますので、それらを真似ることや紛らわしい名称を利用することは、商標法違反やなんらかのトラブルになる可能性がありますので注意しましょう(たとえば、臨床発達心理士、学校心理士、家族心理士、認定心理士など)。

　　少し長くなりましたが、結論としては「カウンセラー」「心理カウンセラー」とだけ名乗ることは誰にでもできるといえます。逆にいえば、「カウンセラー」「心理カウンセラー」という肩書きのみで活動しており、資格を明示していない心理カウンセラーは、独学しかしていない(あるいは独学すらしていない)心理カウンセラーという「自称」カウンセラーであることがありますので、どうか気をつけてください。

第5章

心理カウンセラーの
実際の仕事について

心理カウンセラーの
実際の仕事について

公認心理師や臨床心理士が実際に行うこと

　ここまでの章で、心理カウンセラーの仕事や、カウンセリングというのがどんなものであるか、また、カウンセラーが活躍できる場所は多岐にわたり、資格や働き方もさまざまであるということがおわかりいただけたかと思います。

　この章では、実際に心理カウンセラーが行う業務について、公認心理師と臨床心理士に絞ってもう少し詳しく見ていきましょう。

　公認心理師の業務は、公認心理師法の第2条でこのように定められています。

一　　心理に関する支援を要する者の心理状態を観察し、その結果を分析すること。

二　　心理に関する支援を要する者に対し、その心理に関する相談に応じ、助言、指導その他の援助を行うこと。

三　　心理に関する支援を要する者の関係者に対し、その相談に応じ、助言、指導その他の援助を行うこと。

四　　心の健康に関する知識の普及を図るための教育及び情報の提供を行うこと。

出典　公認心理師法

　これらは簡単にいうと、以下のようになります。

---

1. 心理査定
2. 心理面接
3. 関係者への面接
4. こころの健康に関する教育・情報の提供活動

また、臨床心理士の業務は、公益財団法人日本臨床心理士資格認定協会により、次のように定められています。

①種々の心理テスト等を用いての心理査定技法や面接査定に精通していること。

②一定の水準で臨床心理学的にかかわる面接援助技法を適用して、その的確な対応・処置能力を持っていること。

③地域の心の健康活動にかかわる人的援助システムのコーディネーティングやコンサルテーションにかかわる能力を保持していること。

④自らの援助技法や査定技法を含めた多様な心理臨床実践に関する研究・調査とその発表等についての資質の涵養が要請されること。

出典　日本臨床心理士資格認定協会ホームページ（http://fjcbcp.or.jp/rinshou/about-2/）

これらを実際の業務にわかりやすくおきかえると、以下のようになります。

1. 心理アセスメント
2. 心理面接（心理カウンセリング）
3. 地域援助
4. 研究

以上のことから、心理査定（アセスメント）や心理支援（カウンセリングなど）にあたる部分は、この2つの資格に共通する業務といえます。

逆にそれぞれの資格に特有のものとしては、公認心理師の業務では「関係者支援」と「こころの健康に関する普及活動」が、臨床心理士の業務では「地域援助」と「研究」が挙げられるでしょう。

臨床心理士の業務の「地域援助」は、コミュニティを支援する視点が含まれており、公認心理師の業務では、精神疾患や悩みを持つ当事者をとりまく周りの人たちへの支援にもフォーカスがされるようになったといえるかもしれません。

ここでは、それぞれの公認心理師・臨床心理士の業務について、どのようなものかを紹介していきたいと思います。

心理査定

心理査定とは？

　カウンセリングが「ただ話を聴くだけ」ではないことは、ここまですでに説明したとおりご理解いただけたかと思います。

　カウンセリングにおいて、カウンセラーは、クライエントの話を聴きながら、カウンセリングの次の展開への助けとなるさまざまな情報を収集し、またクライエントとカウンセリングを続けられるように信頼関係を築く必要があります。

　クライエントの情報を集めていくなかでも、やみくもに質問をしていくのではなく、最も困っていること（主訴）、身体的症状（ない場合もあります）、そこに至った経緯など、カウンセリングに役立てられる情報を優先して集めていくことが重要です。

　このように、「現在のクライエントの状態・状況」「今後、カウンセリング内外でしていくべきこと」といったものを「見立てる」のに必要なものから優先的に聴き、今後に続く心理支援（カウンセリングなど）につなげる行為のことを、**心理査定（心理アセスメント）**といいます。別の言葉では、「見立て」や「見立てる」、「見立てを立てる」とも表現されます。

心理査定と心理検査の違い

　この心理査定（心理アセスメント）は、よく**心理検査（心理テスト）**と混同されるので注意が必要です。

　上記のようにクライエントのことを包括的に見ていき、どのように支援していくのがふさわしいのかを検討していくことを**心理査定**といいます。

　いっぽう**心理検査**とは、いわゆる心理テストのことで、大きく分けると**質問紙法**、**投影法**、**作業検査法**などの3つのタイプがあります。測定する対象によって検査を分けた場合、知能検査や発達検査、性格検査（人格検査とも）、職業適性検査、精神状態を測定する検査などさまざまな種類が存在します。

バウムテスト(心理検査のひとつ)を行うカウンセラーとクライエント

　心理査定を行うにあたり、心理検査(心理テスト)はよく用いられますが、**心理査定＝心理検査ではない**のです。

　心理検査はあくまで、心理査定を行っていくうえで、必要に応じてその補助として用いられます。また、検査は繰り返し行っても同じような結果が出る、信頼性のあるものである必要があります。本当に測定したいものを測定できているか、妥当性も求められます。

　雑誌やインターネットなどで遊びに使われる、いわゆる「心理テスト」では、そのような信頼性や妥当性を統計学的に調べているものはほぼありません。公認心理師や臨床心理士は、信頼性や妥当性が検証されたものを用いることが大切です。

参考　主な心理検査の名称と概要

心理検査名	概要
ロールシャッハ・テスト	インクの染み(インクブロット)を見て、どのように反応したかによって性格をアセスメントする投影法の性格検査。医療機関などでよく扱われるが、扱えるようになるまでのトレーニングにかなりの時間を要する。
バウムテスト	一本の(実のなる)木を描いてもらうことにより、性格をアセスメントする投影法の性格検査。画用紙と鉛筆、消しゴムなどを使って簡便に行えるが、解釈には入念なトレーニングを必要とする。
HTPテスト	House(家)、Tree(木)、Person(人)をそれぞれ描いてもらうことにより、性格をアセスメント・する投影法の性格検査。バウムテストよりも描く物が多く、情報量が多いことが特徴。
風景構成法	川、山、田、道、家・・・と決められた順番に、一枚の画用紙にアイテムを足していき、最終的に風景になるように描いてもらうことで、性格をアセスメントする投影法の性格検査。
YG性格検査	矢田部・ギルフォード性格検査の略で、質問紙法の性格検査。抑うつ、不安、内向性など12の特性について調べることができ、A(平均型)〜E(風変わり型)の5つに分類することも行われる。
MMPI	ミネソタ多面的人格目録の略で、全550問から成る質問紙法の性格検査。膨大な量の質問項目があることから、様々な性格側面についてアセスメントすることができるもの。現在は新しくMMPI-3(全335問)も日本語版として標準化されている。
東大式エゴグラム(TEG)	交流分析の理論を基にした質問紙法の性格検査。自我を、親の自我状態(CPとNP)、子どもの自我状態(FCとAC)、大人の自我状態(A)とに分け、それぞれの強さによって、性格をアセスメントするもの。CPは批判的な親、NPは養育的な親、FCは自由な子ども、ACは適応的な子ども、Aは冷静で客観的な大人の部分とされる。現在では、新版TEG®3が日本語版として標準化されている。

信頼性と妥当性の
ある心理検査とは？

> Q. あなたは森にいます。そこであなたは1匹の動物と出会いました。さて、その動物はどんな動物だったでしょうか？次の4つから選んでください。
> 1. ネコ　　2. イヌ　　　3. ウサギ　　　4. ライオン
> A. ネコを選んだあなたは、気まぐれな性格です。イヌを選んだあなたは……。

　たとえば、このような心理テストを行ったとします。このテスト結果はアテになる（信頼できるもの）でしょうか？　……答えはNoですよね。単純にネコが好きだからネコを選んだかもしれませんし、さっきテレビでウサギを見てなんとなくウサギを選んだかもしれません。心理テストの回答はちょっとしたことで変わってしまいますし、そのテストで性格が分かるという根拠もありません。そもそもこの4つのどれにも当てはまらない性格の人はどうなるのでしょうか？

　このように、遊びで使われるような心理テストは「本当にその回答があなたを表しているかどうか」ということはどうでもよくて、遊びやコミュニケーションツールの手段とされるものがほとんどです。

　ただし、公認心理師や臨床心理士といった「心理学を学問として修めて、それを用いて専門的に科学的にクライエントを援助する」という立場では、実際のクライエント像がどうであるかを調べるために心理検査を行います。

　病院では、血液検査や尿検査、エコー、レントゲン、MRI、CTスキャンなどの身体検査をし、その結果によって手術の方法や投薬する薬を決めます。同じように、心理検査もその結果によって今後の方針が変わる（そして貴重なクライエントの時間やお金を使う）ので、心理検査の精度を上げるのは非常に大切なことです。

　心理検査を何度行っても、基本的に大きく値が変わらないことが十分統計学的に確かめられていることを、**「信頼性がある」**といいます。また、心理検査を行って、検査者が測定したい対象（不安や抑うつ、怒りなど）を正確に測れていることが確かめられていることを**「妥当性がある」**といいます。

　実際のクライエント像がどうであるかを調べるために心理検査を行うので、「心理検査を行うたびに結果が変わってしまう」ということは避けねばなりませんし、「心理検査が測定しようとしている対象を測定できていない」という自体は避けねばなりません。もちろん、クライエントの精神状態が変わったら結果は変わりますが、「不安の度合いを調べたいのに、調べた結果は怒りの度合いだった」となってしまうと、それは妥当な検査とはいえません。この信頼性や妥当性ができるだけ高いといえる検査を用いることが、公認心理師や臨床心理士をはじめとした心理カウンセラーの倫理観として必要ではないでしょうか。

心理支援（心理面接・心理療法）

心理支援とは？

　心理支援は、その言葉のとおり**「こころに関する支援」**のことを指します。ここではまず、この「心理支援」を広義の心理支援と狭義の心理支援とに分けて考えてみましょう。

広義の心理支援

　私たちは、誰しもが"こころ"を持っています。その"こころ"が揺れ動くことは、人生の中で幾度となく訪れるでしょう。生まれたばかりのときや幼少期に泣いたり怒ったりすることも"こころ"が揺れ動いているといえるでしょうし、思春期になれば複雑で繊細なこころの動きを感じるようになります。また大人になってからも、恋愛、友人知人、同僚や近所の人との人間関係や仕事のこと、趣味や休暇中にも、常に"こころ"は多かれ少なかれ動き続けています。

　私たち一人ひとりの人生の中で、揺れ動くこころを支援するのは何もカウンセラーだけではありません。両親（養育者）やその他の家族、友人知人、職場の上司や同僚など、さまざまな人があなたの（私たちの）こころを支援してくれています。そしてあなた自身も、今日誰かのこころを多少なりとも支援しているかもしれません。これが広い意味での（広義の）心理支援といえるでしょう。

　また、もう少しだけ狭く考えてみましょう。特に対人援助職や対人支援職などと呼ばれる職業／仕事では、その職業で支援することと同時に"こころ"の支援も行っていると考えられます。

　たとえば、看護師の仕事は看護ですが、こころを無視して看護をすることはできませんし、介護福祉士の介護も同様です。学校の教員も、こころの専門家ではなくても、児童生徒や保護者、あるいは同僚教職員のこころを"も"支援しながら、日々の業務を行っているといえるでしょう。

　このように、人を支援するということは、こころを持つ誰かが同じくこころを持つ誰かをなんらかの形で支援することになりますので、必然的にこころをも支援しているということにつながっているのです。

狭義の心理支援

　さて、ここからは狭い意味（狭義）での心理支援について考えてみましょう。

　公認心理師や臨床心理士が行う心理支援は、心理学を学んできた（そして学び続けている）専門家としての支援のことを指しています。つまり、**心理学に基づく支援**のことを心理支援と呼んでいます。

　心理学にも多くの○○心理学と名前がつく学問がありますが、特に**「臨床心理学」**が心理支援に最も近しい心理学のひとつと考えることができます。

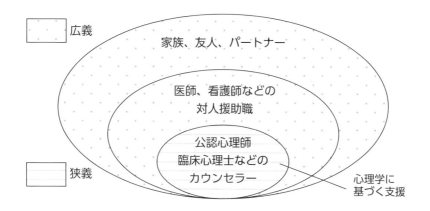

　臨床心理学とは、漢字で「床に臨む（ベッドサイドにいる）心理学」という言葉を使うように、患者・クライエントに寄り添う心理学という意味で、メンタルヘルスの問題を扱います。臨床心理士は、その臨床心理学に基づく心理支援に特化した資格と考えることができるかもしれません。

ちなみに、国家資格じめる公認心理師は、人学の学部や人学院のカリキュラム
を見ると、臨床心理学を基礎とした内容や精神医学など医学の内容が多く含まれ
ています。臨床心理士と同じく心理支援に寄った内容でありつつも、臨床心理学
以外の心理学も含んだより汎用的な心理学の資格だということができるでしょう。

　心理支援は何も、個室で行われる1対1でのカウンセリングだけではありません。
個室の中でも夫婦や親子、家族など複数人で行われる場合もありますし(これにつ
いて詳しくは次の「関係者支援」をご参照ください)、個室ではなく医療機関のデ
イケア・ナイトケアなどで行われる心理支援、学校というフィールドで相談室の内
外で行われるスクールカウンセラーによる児童生徒や保護者への心理支援、教員
へのコンサルテーション[1]、アウトリーチ(訪問支援)など、さまざまな形態での心
理支援の形があります。また、カウンセリングの中で用いられる心理療法にも多く
の種類がある[2]ので、ひとくちに心理支援、カウンセリングなどといっても、その
内実は大きく異なっています。
　心理支援がまだそんなに普及していない頃は、個室での1対1でのカウンセリン
グが中心的に考えられる傾向がありましたが、現代では心理支援にも多様化が進
んだといえるでしょう。

関係者支援

　臨床心理士では独立して
取り上げられることがありま
せんでしたが、公認心理師で
4大業務のひとつとして取り
上げられるようになったのが、
この**「関係者支援」**です。
　ここでいう関係者とは、**「こ
ころの支援が必要とされると
考えられる者」**の関係者のこ
とです。たとえば、ひきこもり
や不登校などで直接悩んで
いる本人と会うことができな

パートナーと一緒にカウンセリングを
受けることもあります

※1 コンサルテーション　ある専門家が別の分野の専門家に対して相談・助言を行うことを指します。ここでは、教
　　育の専門家である教員に対して、心理の専門家である心理師(スクールカウンセラー)による相談・助言のこと。
※2 カウンセリングと心理療法との違いについて、心理療法の種類とそれぞれの特徴については、第1章をご参照く
　　ださい。

い状況や、本人と会うことはできても周りの家族や関係者(医療関係者や学校関係者など)も同じく悩んでいる場合、その周辺にいる人々への支援のことを「関係者支援」ということができます。

　ひきこもりや不登校の子ども自身はそんなに悩んでいなくて、むしろ周りの大人たちの方がよっぽど悩んでいるということも少なくありません。周囲の人々が悩んでいることが、子どもに伝わることで、より状況が複雑化していくということも考えられます。

　また、支援者支援という言葉もあるように、支援を行う支援者側が大きなストレスを抱えて疲弊しまいがちで、その支援者を支援するということも、家族などの関係者の支援と併せて重要といえます。

　以上のように、心理支援は単純に問題や症状を持っている(と考えられている)人の支援をすれば万事解決というものではありません。その本人を取り巻く環境、特に人間関係について捉え、関係者に対して支援していくということも含め、心理支援を行ううえでは広い視野で捉えていく必要があります。

> ●関係者支援の例「家族療法」
> 家族関係など、"システム"と呼ばれる人間関係の相互作用に着目し、相互作用の悪循環を切断して良い循環を作っていくなどをすることで、"問題"とされていたことを含まない循環へとしていくように、また、問題とされていたことが問題とはいえない状態へと変化することを進めていく心理療法です。不登校やひきこもりなどの"問題"とされる本人に会えないケース(会えるケースも)、夫婦関係や家族関係などの複数人が関わるケースなどに特に有効とされています。

本人（子）だけでなく、関係者（親）にも適切な支援が求められます

こころの健康に関する 教育・情報提供の活動

こころの健康にかかわる「心理教育」

　関係者支援と同じく、臨床心理士の場合では明記されていなかったものの、公認心理師で明記されるようになったものに、「こころの健康に関する教育・情報の提供活動」があります。

　こころの健康に関する教育のことを、**「心理教育」**と呼びます。

　「友達を作るスキル」や「怒りを適切に表現するスキル」「ストレスについてやストレス発散に関する知識」「友達と仲直りするスキル」などは、普段あまり学校の授業などで学ぶことはありません。そういったスキルが元々高い子もいれば、苦手な子もいるでしょうし、何かのきっかけでそれを学ぶことができた子もいるでしょう。

そのようなメンタルヘルスや知識を、「教育」という形で学ばせることによって、より社会的に適応できるように導いていくものを心理教育と呼びます。もちろん子どもだけに限らず、大人に対してもさまざまな心理教育を行うことが可能です。

「こころの時代」と初めていわれるようになってから久しいですが、まだまだ身体疾患に対しての「精神疾患」や、内科や小児科に対して「精神科」や「心療内科」、そしてカウンセリングに関する情報の普及は十分とはいえません。

インターネットの普及によって、さまざまな情報が世の中に出回りましたが、その中でも、嘘の情報や、誇張や誤りを含む情報などが多いように感じられます。
カウンセリングや心理学に関係する情報は特に、部分的な情報を知るのみで拡散させようとする人も多くいます。一部を切り取った情報や、話の文脈を伴わない情報では誤りや言い過ぎといえる情報となってしまいやすいため、情報発信にも情報の受信にも細心の注意が必要です。

このように世の中に溢れかえった情報の中でも、正しく適切な情報発信を行い、国民のこころの健康に寄与するということが、国家資格としての公認心理師に求められています。

地域援助

地域のこころの専門家としての活動

　また、スクールカウンセリングなどの活動は、単に学校内でのカウンセラーということにとどまらず、地域の中で活躍できる「地域援助」とされています。スクールカウンセラーが中心に地域の悩みを少しでも緩和できれば、より暮らしやすい地域になるかもしれません。

　1995年から始まったスクールカウンセラー等活用調査研究委託事業などによって、カウンセリングへの敷居は多少下がりましたが、まだまだ知られているとはいい難い状況です。本書もそういった心の健康に関する情報提供という位置づけになるかと思います。

　また、被災地支援や被害者支援なども、公認心理師の職務の範疇です。もちろん、ボランティアであったり、勤務であってもボランティア的な要素は強いのですが、震災や津波、事件、事故などの緊急事態にも、公認心理師はこころの専門家として活躍することができます。

　そういった被災地や被害者の支援に加えて、その他こころの健康に関わる情報を広めていける職種として心理職があるのではないでしょうか。

研究

研究を続けることの重要性

　公認心理師の4大業務には入っていませんが、臨床心理士の4大業務に入っているものが「研究」です。公認心理師が研究をしなくてもいいというわけではありません。大学・大学院での公認心理師カリキュラムには、研究や調査、統計などが含まれています。

　では、なぜ研究がこのように業務として、あるいはカリキュラムの一部として取り上げられているのでしょうか？

　みなさんがお察しのとおり、"こころ"というものは非常に曖昧なものです。「1と1を足したら2になる」「水素に酸素を加えたら水になる」というような、自明のこととして覚えていればOKというものではなく、人のこころや人間関係は千差万別であり、また"こころ"は目に見えないため、他の学問と比べると誤差がかなり大きいといえるでしょう。

　そのような"こころ"を扱うことを生業とするときには、単なる直感や勘でカウンセリングをしていては、クライエントの健康をより害してしまう可能性がありますので、常に研究の視点を持っておくことが重要です。研究といっても、いい加減な研究では研究していないのと変わらないので、公認心理師や臨床心理士の大学院では、研究論文の作成なども含めて、研究の作法についても学びます。

心理学的研究法とは

　心理学に関する研究・実験では、複数の研究法の中から行いたい研究目的に適った方法（研究法）を選びます。たとえば、観察法、質問紙調査法、面接法、事例研究法などがあります。

観察法

　その名のとおり、行動などの観察できるものに対して研究協力者の情報を集める方法です。毎日観察する方法や、特定の行動が出現する条件を観察する方法、一定時間ごとにその行動が出現するかを観察する方法などがあります。実験状況を

わざと作って、その実験場面において観察をすることのほか、自然観察といって、自然に過ごしている間に観察を行うこともあります。たとえば、赤ちゃんの行動観察などに用いられます。

質問紙調査法

　質問紙と呼ばれる調査用紙を研究協力者に配布して回答してもらい、その回答を統計的に分析することで、調査研究を行う方法です。たとえば、ある心の性質や考え方（その研究で調べたい項目）が、男女間や年代間の平均値や比率で差があるか見る時などに用いられます。

面接法

　面接法とは、あらかじめ仮説を作ったり、どんなことを面接のやり取りの中で探索していくかを決めたりしたうえで、インタビューの形で面接場面を作り、調査を行う方法です。たとえば、その面接場面で研究協力者がどのような話をするか、回答をするか、話の流れが展開するかなどを見ていきます。

事例研究法

　事例研究法とは、実際のカウンセリングの事例をまとめ、その事例がどのように展開していったか、どういったことがよい方向（あるいは悪い方向）に作用したか、今後どのようにすればよりよいカウンセリングにつながるかといったことを振り返る方法です。たとえば、十数回で終結したカウンセリングが、初回ではどんな様子だったか、その後紆余曲折しながらもどのように終結に至ったかを記し、全体を振り返り検討します。

　上記はあくまでも一例ですが、このような研究を通して学び続けることもカウンセラーにとっては大事な職務のひとつです。

新人カウンセラーに
よくある悩み

　典型的な、いわゆる「カウンセリング」は、声が外にはもれない個室で1対1の心理カウンセラー・クライエント関係で、小一時間程度の相談業務を行うものがよく想像されます。つまり、カウンセリングのお手本を見せてもらいたいと思っても、なかなかその機会が得られないのが実情です。

　たとえば、先輩のカウンセリングに入って勉強する(隣でメモをとるなど)ことを「陪席」と呼びますが、その陪席もクライエントの許可が得られない限り入れませんし、クライエントが承諾してくださったとしても、陪席する人の存在が気になって、カウンセリングがいつも通りスムーズにいかなくなることがあり、陪席で学ぶということにも難しさがつきまといます。

　その他、カウンセリングのロールプレイをYouTubeやDVD、ストリーミングサービスなどで公開されたりしているものもあり、ワークショップでロールプレイが行われたりすることがありますが、これもやはり実際の事例(カウンセリング)ではなく、あくまでロール(役割)として演技をして練習をしたり、それを見せてもらうことになりますので、コツを見て学ぶということが難しいことがあります。

　本コラムは「新人カウンセラーによくある悩み」というコラムですが、このように実際のカウンセリングを用いて学ぶことが難しく、ワークショップや書籍から学びとれる部分も限られていることが大きいのではないでしょうか。

　日々の実践の中で試行錯誤して身につけていくことが必要ですが、クライエントに迷惑をかけることがあってはなりませんので、初心のうちのカウンセリングはドキドキして頭が真っ白になってしまうこともあるかもしれません。注意深く話を聴こうと耳を傾け続けても、その後、質問されたらどう返せばいいかわからず、オロオロしてしまうこともあるでしょう。

　どうしても、守秘義務(秘密保持義務)を守りつつ、1対1のカウンセリングの腕を上げていくのは難しいことですが、自身でカウンセリングについて振り返る、スーパーバイザーをつけて指導してもらう、ケースカンファレンスを開いて発表して意見をもらう、学会や研修会に参加する、書籍や論文を読んで考えて同僚と話し合う、という地道な努力をする中で、少しずつトレーニングを積み重ねていくことが求められます。

　最初から効果的で役立つことがいきなりできなくても構わないので、絶対にクライエントのことを実験台のようにはせず、悩んで来室されている方を余計に傷つけてしまうことは最大限避け、親身に話を聴くというところから始めていただけたらと思います。

第6章

心理カウンセラーの
キャリアプラン

心理カウンセラーとして
就職するには？

カウンセラーとして就職する方法

　従来、多くは大学院にきている求人や職能団体（日本臨床心理士会や都道府県の臨床心理士会）にきている情報から探して応募する、あるいは友人や先輩、指導教官など知り合いから紹介してもらうことがほとんどでしたが、現在ではハローワークやネット上（求人サイトやSNSその他）の求人情報などでも応募できることが増えてきました。

　少なくない民間のカウンセラー資格では、「○○カウンセラー養成講座を修了すれば、どんどんカウンセリングのお仕事を紹介できるようになります！」と謳っていながらも、実際には高額な養成講座のお金を支払い、いざ修了して働こうと思っても仕事は何も紹介してもらえない……ということがよくありますので、民間の資格の取得を検討する場合はそういった点も併せて考えていくのが重要だといえるでしょう。

　医療機関は公認心理師中心、教育機関は公認心理師や臨床心理士などが要件となるスクールカウンセラーや学校心理士中心、福祉領域では公認心理師中心というふうに、公認心理師や臨床心理士を持っていないとそもそも挑戦さえできない職も少なくないため、そういった事情も関係しています。

資格や求人情報はよく調べて検討しましょう

資格を取ったらすぐに開業できる？

開業することはできる、けれども……

　資格を取得して、すぐに開業ができるかできないかでいうと、テクニカルには開業できますが、オススメはあまりできません。その理由の例は以下のとおりです。

・生活資金不足のリスク、健康被害リスク、訴訟リスク

　たとえば医療機関で働く場合、何かあったときの責任は最終的に医師や病院側が持ちます。他の領域でもそれぞれ長（上の立場にある人）が責任を負いますが、自ら開業する場合は、自分で責任を負わなければなりません。

・トラブル解決の困難

　事件や事故などのトラブルが起きた際の第三者からの助けや、クライエントの病状の悪化などが生じた際の医師による向精神薬の助けなどが借りづらくなります。一人だと特に心細くなる部分もあるでしょう。

・独りよがりになる危険性

　一人での開業だと、どうしても「お山の大将」になってしまうリスクがあり、クライエントは全く満足していない、カウンセリングがうまくいっていないという場合でも、カウンセラー本人が自己満足してしまう可能性が低くありません。

　特に1対1で閉ざされた部屋で行われるカウンセリング（複数人の場合もありえますが）の場合、密室の中では何が起きているかがわかりづらく、心理カウンセラーやクライエントら当人同士でも、知らぬ間に非倫理的・非治療的な関係性に陥ってしまう危険性があります。

・経験や知識不足による支援の不備

　教育現場や医療現場をはじめとした他の領域に関する知識や技術、雰囲気、文化などを知らないうちに開業すると、他の機関などへの連携の方法がわからない、あるいはうまくいかない危険性があります。

カウンセリングを行ううえで、カウンセリングの技術や態度だけを知っていることは望ましくありません。カウンセラーはできるだけバランスの良い存在として存在することが、カウンセリングを成功へと導きやすくします。

教育、保健医療、福祉、産業・労働、司法・犯罪領域の全ての経験をしなければいけないわけではありませんが、複数領域でのカウンセリングのあり方、話される内容、カウンセリングに来られる方の特徴などを知っておけば、他の領域でも役立つことはたくさんあります。

多くの知識や経験がカウンセリングの糧となる

クライエントもそれぞれの人生を送っており、その人生の中で職業や家庭環境も含めたさまざまな経験をしてきています。

たとえば、システムエンジニア(以下、SE)のクライエントがいたとしましょう。仕事の話をする際に「カウンセラーにこの話をしても、専門用語や仕事の環境なんてわかってもらえないだろうな」と思っていると、「やっぱりわかってもらえないから、カウンセリングなんて意味がない。それだったら上司や同僚のほうが状況や気持ちをわかってくれるんじゃないか」と期待を抱かなくなるかもしれません。

ですが、「職業はSEです」と聞かれて「SEをされているのですね。保守ですか?それとも開発の方ですか?」と尋ねるだけで、「あ、SEのことを少しは知っている人なのかな?」と思ってもらいやすくなり、その後のカウンセリングの流れがスムーズになることがあります。

ほかにも、クライエントが「○○という漫画が好きで」と話してくれたとして、もし「私漫画はわからなくて」と答えてしまったら、クライエントも「この人には理解してもらえないだろうな」と思い、本当に話したかったことを話してもらえなくなってしまうことがあります。

そういったときに、その漫画を知っていたり、知らなくても、これまでの経験や趣味、仕事、知識から「××の作家さんの漫画ですよね、今度読んでみます」ですとか「映画化で話題になっていますよね」などと話を広げていくと、次からのカウンセリングがスムーズになることがあります。

このように書くと、「心理カウンセラーは何でも知っておかなきゃいけないのか!」とか「いろいろなことを知るために、何十年もたくさんの勉強をしてからじゃないと開業できない?」と思う方がいらっしゃるかもしれませんが、決してそういっ

たことをお伝えしたいのではありません。

　日々、暮らしの中でカウンセリングに役立つことはたくさんあり、多くのことに挑戦したり、興味・関心をもったり、親身に相談に乗ったりすることは、どんどん糧となっていくので、ある程度はさまざまな経験をしてからのほうが開業するにはいいかと思います。

できるだけ多くの人とつながることも大切

　また、開業となると一人でする方が多いですが、一人で毎日カウンセリングをしていると、その中で自分のクセやパターンに陥ってしまい、抜け出られなくなる可能性があります。そうした事態を避けるため、定期的に自分のうまくいかないカウンセリングのことを指導してもらえるスーパーバイザーをつけたり、専門書を読んで知識をつけたりするという方法もあります。

　同じような立場にある人同士でケースカンファレンス（自分のカウンセリングを行っている一人のケースについて、複数人で検討するもの）に参加したり、研修や学会に顔を出したりすることも、開業するうえでのリスクヘッジや、自身の成長につながっていくことでしょう。

他領域への転職はできる？

領域よりも何をしたいか

　一度カウンセラーとして病院へ就職した場合、学校や民間企業などへ転職することは可能でしょうか？

　第3章で説明したように、そもそも心理カウンセラーは複数の領域にまたがって働いている場合が多くあります。たとえば、週1回はスクールカウンセラー（教育領域）として働き、週2回は保育園の巡回相談（福祉領域）を行い、週2回は企業でのカウンセラーとして働く、といったケースもあります。

　実際に、領域間の掛け持ちや転職は多くのカウンセラーがしています。それぞれの領域で学べることや出会えるクライエントは異なりますので、多くの経験を積むことができ、自分に合う場所を探すことができます。もちろん、人によっては一つの領域を極めたいという方もいますので、同じ領域（同じ職場）で働き続けるのも選択肢の一つでしょう。

　このように、多様な働き方ができることは心理カウンセラーの利点でもありますが、非常勤や短期間の期間雇用契約では、得られる生涯賃金が低くなりがちといった点もあります。ですので、自分の人生、ライフスタイルに合わせた形を働きながら考えていく必要があるのではないでしょうか。

研究・学会について

研究や学会はスキルアップの機会

　研究や学会という言葉を聞いて、読者のみなさんはどのような印象を持たれるでしょうか？　自分とは関係ない、大学の先生など研究者が行うのが研究で、その研究を行っている人たちが集まるマニアックな場所が学会というイメージかもしれません。

　でも、実際には臨床心理士、公認心理師、医師などは、臨床（カウンセリングなど）以外にも研究を両立して行っている場合も多く、自身が研究や研究発表を行わなかったとしても、他の人の研究発表を見たり、学会主催のワークショップに参加したり（カウンセリングや心理療法、心理検査等の技術や知識を身につけるため）する方は少なくありません。

　たとえば臨床心理士は、第4章で解説しているように、5年ごとの更新に向けて、協会が定める臨床心理士ポイントを集める必要があります。そうした事情から、学会や研修に行く機会は他の専門職と比べると比較的多いほうかもしれません。

　研究や学会というものは、決して少数で特定の人たち（研究者をアイデンティティとする人）のためだけにあるものではなく、多くの臨床家（カウンセラー）も参加して学びます。ただテクニック（技術）的な学びだけではなく、「研究」という形で、あるセラピーや技術、態度などに本当に効果があるのか、より有用な形を作っていくためにはどういうことをすべきか、といったことを専門家同士で発表し合い、検討し合う場が学会なのです。

　「なんとなくこの方法（セラピー）がよさそう」と思って、お金を支払ってくれるクライエントに実施していくのでは、専門家とはいえません。

　専門家としては、少しでもクライエントの健康（特にメンタルヘルス）や人間関係の改善に貢献できる確率が高いセラピー、技術、態度などを突き詰めていくことが大切です。そういった自身の研鑽を「研究」という観点から検討することができ、経験がたくさんある人から学んでいく経験を得られる場が学会なのです。

学会をはじめとしたさまざまな学びの方法

種類	特徴
学会	学会の中でも日本学術会議に登録されている学会かどうか、会員数や学会の年次大会への参加者数にも大小あります。多くの学会では、一年に一度、年次大会と呼ばれる大会が開催され、そこでいわゆる学会発表と呼ばれる研究発表が行われます。学会は、その分野の最新の情報を得やすい場所ですが、あくまで研究発表という側面が強いため、系統的に学べる場所として作られてはいません。 ※ただし、学会によっては系統的に学べる研修会、トレーニングなどを実施している場合もあります
研修会・トレーニングコース	研修会やトレーニングコースとは、学会、職能団体、公的団体、民間団体それぞれが独自に行う、ある特定の心理療法や技法、領域に関して学ぶ機会のことを指します。半日や1日で終わる研修会のほか、数日、数ヶ月、あるいは数年かけて学ぶトレーニングコースも存在します。大学院や学会では賄いきれないところを補い、さらに技術の習得等を目指します。
学会内の「ワークショップ」や「研修」	上記の中でも学会が提供している「ワークショップ」や「研修」と呼ばれる催し物では、学会の年次大会（学会発表やシンポジウムがメイン）とは別に、ある特定の領域／分野や特定の心理療法、技法などについて学ぶ機会が得られます。学会外で行われるワークショップ・研修と大きく違うわけではありませんが、それぞれの学会の色やその年の年次大会の特色が反映されたりします。
専門書の読書	専門書といっても専門家以外は手にとれないところに本があるわけではありません。普通に全国の書店やネットショップなどで販売されている専門家向けの書籍です。カウンセリング等の知識や技術を身につけるためには専門書を読むことも有効です。とはいえ、やはり書籍を読んでいるだけでは適切に正しく理解できているか、いざ臨床場面で使えるかはわかりませんので、研鑽するうえでの手段の一つといえるでしょう。
スーパービジョン	スーパービジョンとは、自分の担当しているケースについて、自分よりも経験が豊富な人や仲間同士、あるいは師匠・先生のような人から指導・監督してもらうことをいいます。定期的にSVを受けることで、自分独自の視点にとらわれることなく、もっと広い視野でケースのことを眺め、よりよい支援へと変えていくことができるでしょう。スーパービジョンを行う人のことをスーパーバイザー、受ける側の人のことをスーパーバイジーと呼びます。
コンサルテーション	ある専門家が別の分野の専門家に教えてもらうことで、別の専門的視点からケースを眺めることができ、また身につけたい他の専門分野について学ぶことができます。たとえばある心理療法についてのコンサルテーションを受けて、その心理療法を使えるように指導してもらったり、スクールカウンセラーが教師に心理学的な視点からコンサルテーションを行うことで、教師が別の視点を持って子どもと関わったりといったことができるかもしれません。
ケースカンファレンス	ケースカンファレンスとは、ケース（個々のカウンセリング）に関する会議のことで、同じ職場内や同じ職種内でクライエントのプライバシーに十分配慮をして行われる検討会です。ひとつあるいはいくつかのケースを検討対象とし、他の人がカウンセラー／セラピストとして受け持っているケースについて複数人で検討します。自分以外の視点からも見てもらうことで、ケースをよりよく進めていくヒントになるかもしれません。

カウンセリングの仕事と研究の両立

研究はカウンセラーとしての義務？

よく**「サイエンティスト・プラクティショナーモデル（科学者・実践家モデル）」**と呼ばれるように、プラクティショナー（＝カウンセラーとしての実践家）は、ただ臨床（カウンセリング）をこなしていくだけではなく、科学者として研究も行いながらカウンセラーを続けていくことが望まれます。

理由としては前述したとおり、カウンセリングに来られる方々は、人生や命にかかわるような深刻な悩みを抱えていることが多く、可能な限り慎重にカウンセリングをはじめとしたメンタルヘルス支援を進めていく必要があるからです。

研究にはお金や時間、労力が少なからずかかりますし、大学教員をはじめとした研究者でなければ、研究をしている時間は、カウンセリングその他の生きていくためのお金を稼ぐ時間を削ることになってしまうため、難しい部分は大いにあるかと思います。また、臨床心理士資格や公認心理師資格を持つなどの条件を満たしていなければ入会できない学会もあったり、入会はできても研究の作法を教えてもらえるところが大学院の外部にはあまりなかったりと、研究のハードル自体も高いことは否めません。

それでも、やはり多かれ少なかれ研究について知り、学び、それを実践に活かしていくということは、カウンセラーとしての義務を全うすること（クライエントを大切にすること）ですので、決して無下にはするべきではないと思います。

カウンセラーの仕事は、ただカウンセリングなどをしてクライエントからお金をもらうことだけが目的ではないはずです。クライエントの利益が十分に守られるように、なんらかの形で研究や勉強を続けていき、できるだけ複数の視点を持ちながら活動していくことが求められます。

巻末資料

どんな意味？
よく使われる心理学用語一覧

言葉	意味
ラポールの形成	ラポール(rapport)とは、フランス語で信頼関係のこと。カウンセリングでは、最低限の信頼関係を築けないと、クライエントは信用・信頼してカウンセラーに話ができない。そのため、初回を含めた数回のセッションは、ラポール(信頼関係)の形成を目的としている部分は大きい。
インテーク	インテーク(intake)とは、カウンセリングにおける初回面接(初回カウンセリング)のこと。英語ではinitial sessionともいう。
アセスメント	アセスメント(assessment)とは、心理査定(psychological assessment)の省略した言い方。「診断」が医師にしか行えない疾患名をつけるものであることに対し、心理療法のセラピストはクライエントの病的な部分だけでなく健康的な部分やこれまでの人生、性格や能力、考え方、日常生活などを総合して、現在どのような状態にあるかをみていく。
精神分析	オーストリアのウィーンの医師であるジグムント・フロイト(Sigmund Freud)によって創始された最初の心理療法と呼ばれるもの。自由連想法という方法を用いて、深層心理にある無意識の部分について調べていく。週4回以上行うことを基本とされており、週1回で行われるものは精神分析的心理療法と呼び分けられている。
認知行動療法	不適応な認知を適応的な認知(日常の暮らしの中で生きやすい認知)に変容させる認知療法と、学習理論に基づいて不適応な行動を減少させ、適応的な行動を増加させる行動療法の2つから発展した心理療法。心理療法の中では最もエビデンス(科学的根拠)が積み重ねられており、様々な対象に用いられる。
クライエント中心療法	現在はパーソンセンタードアプローチ(Person centered approach)とも呼ばれる。クライエント自身の自己成長力を信じ、セラピストが嘘偽りない態度で、無条件に積極的関心をクライエントに向け、傾聴・共感することで、クライエントが自らの力を十分に発揮できるように寄り添う心理療法。
家族療法	家族やその他の人間関係を、コミュニケーションを常に行い続けている相互作用の「システム」と捉え、その関係性(たとえば家族関係)の中で起きている悪循環を切断することで、より良い関係性を持つシステムへと変容するお手伝いを行うもの。人の心よりも、人間同士の関係性に注目する心理療法。

心理学が学べる大学・大学院一覧

※2024年2月時点

公認心理師となるために必要な科目を開講する大学一覧

※都道府県名は大学本部所在地を掲載　※（　）内の都道府県名は開講キャンパス

	都道府県名	学校名	研究科名など	大学院での開講
1	北海道	北海道大学	教育学部 教育学科	●
2	北海道	札幌学院大学	心理学部	●
3	北海道	北星学園大学	社会福祉学部 心理学科	●
4	北海道	北海道医療大学	心理科学部 臨床心理学科	●
5	北海道	札幌国際大学	人文学部 心理学科 臨床心理専攻	●
6	北海道	北翔大学	教育文化学部 心理カウンセリング学科	●
7	青森	弘前大学	医学部 心理支援科学科	●
8	岩手	岩手大学	教育学部 / 人文社会科学部	●
9	岩手	岩手県立大学	社会福祉学部 人間福祉学科	●
10	宮城	東北大学	文学部 / 教育学部	●
11	宮城	東北学院大学	人間科学部 心理行動科学科	●
12	宮城	東北福祉大学	総合福祉学部 福祉心理学科	●
13	宮城	宮城学院女子大学	学芸学部 心理行動科学科	

巻末資料

	都道府県名	学校名	研究科名など	大学院での開講
14	宮城	仙台白百合女子大学	人間学部 心理福祉学科	
15	宮城	尚絅学院大学	心理・教育学群心理学類	●
16	秋田	秋田大学	教育文化学部	●
17	山形	山形大学	地域教育文化学部 地域教育文化学科 文化創生コース	●
18	福島	福島大学	人文社会学群 人間発達文化学類 心理学・幼児教育コース／理工学群 共生システム理工学類 心理・生理コース	●
19	福島	医療創生大学	心理学部 臨床心理学科	●
20	福島	福島学院大学	福祉学部 福祉心理学科	●
21	茨城	茨城大学	人文社会科学部	●
22	茨城	筑波大学	人間学群心理学類	●
23	茨城	茨城キリスト教大学	生活科学部 心理福祉学科	●
24	茨城	常磐大学	人間科学部 心理学科	●
25	栃木	白鴎大学	教育学部 発達科学科 心理学専攻	
26	栃木	作新学院大学	人間文化学部 心理コミュニケーション学科	●
27	栃木（東京）	国際医療福祉大学	赤坂心理・医療福祉マネジメント学部 心理学科	●
28	群馬	群馬医療福祉大学	社会福祉学部	
29	埼玉	埼玉学園大学	人間学部 心理学科	●
30	埼玉	十文字学園女子大学	教育人文学部 心理学科	
31	埼玉	東京国際大学	人間社会学部 福祉心理学科	●

	都道府県名	学校名	研究科名など	大学院での開講
32	埼玉	埼玉工業大学	人間社会学部 心理学科	●
33	埼玉	駿河台大学	心理学部 心理学科	●
34	埼玉	聖学院大学	心理福祉学部 心理福祉学科	●
35	千葉	放送大学	教養学部 教養学科	
36	千葉	開智国際大学	国際教養学部 国際教養学科	
37	千葉	淑徳大学	総合福祉学部 実践心理学科	●
38	千葉	和洋女子大学	人文学部 心理学科	
39	千葉	川村学園女子大学	文学部 心理学科	●
40	千葉	聖徳大学	心理・福祉学部 心理学科 / 通信教育部心理・福祉学部 心理学科	●
41	千葉	江戸川大学	社会学部 人間心理学科	
42	東京	東京大学	教育学部 教育心理学コース	●
43	東京	お茶の水女子大学	生活科学部 心理学科	●
44	東京	東京学芸大学	教育学部 教育支援課程 教育支援専攻 カウンセリングコース	●
45	東京	東京都立大学	人文社会学部 人間社会学科 心理学教室	●
46	東京 (群馬)	東京福祉大学	心理学部 心理学科（通学課程、通信教育課程）/ 社会福祉学部 社会福祉学科（通学課程）	●
47	東京	跡見学園女子大学	心理学部 臨床心理学科	●
48	東京 (埼玉)	文教大学	人間科学部 心理学科 / 人間科学部 臨床心理学科	●
49	東京 (埼玉)	文京学院大学	人間学部 心理学科	●

	都道府県名	学校名	研究科名など	大学院での開講
50	東京	目白大学	心理学部 心理カウンセリング学科	●
51	東京	東京成徳大学	応用心理学部 臨床心理学科	●
52	東京	東洋学園大学	人間科学部 人間科学科	
53	東京	帝京平成大学	健康メディカル学部 心理学科	●
54	東京	青山学院大学	教育人間科学部 心理学科	●
55	東京	大妻女子大学	人間関係学部 人間関係学科 社会・臨床心理学専攻	●
56	東京	学習院大学	文学部 心理学科	●
57	東京 (神奈川)	北里大学	医療衛生学部 保健衛生学科	●
58	東京	駒澤大学	文学部 心理学科	●
59	東京	実践女子大学	生活科学部 生活文化学科 生活心理専攻/ 人間社会学部 人間社会学科/現代社会学科	
60	東京	上智大学	総合人間科学部 心理学科	●
61	東京	昭和女子大学	人間社会学部 心理学科	●
62	東京	聖心女子大学	現代教養学部 心理学科	●
63	東京	専修大学	人間科学部 心理学科	●
64	東京	大正大学	心理社会学部 臨床心理学科	●
65	東京	中央大学	文学部 人文社会学科 心理学専攻	●
66	東京 (神奈川)	東海大学	文化社会学部 心理・社会学科	●
67	東京	東京家政大学	人文学部 心理カウンセリング学科/ 人文学部 教育福祉学科	●
68	東京	東京女子大学	現代教養学部 心理・コミュニケーション学科 心理学専攻	●

	都道府県名	学校名	研究科名など	大学院での開講
69	東京/埼玉	東洋大学	社会学部 社会心理学科/総合情報学部 総合情報学科	●
70	東京	日本大学	文理学部 心理学科	●
71	東京	日本女子大学	人間社会学部 心理学科	●
72	東京	ルーテル学院大学	総合人間学部 人間福祉心理学科 ※2005年度以降の学生募集は停止	●
73	東京	法政大学	現代福祉学部 臨床心理学科	●
74	東京	明治大学	文学部 心理社会学科 臨床心理学専攻	●
75	東京	明治学院大学	心理学部 心理学科	●
76	東京(埼玉)	立教大学	現代心理学部 心理学科	●
77	東京	立正大学	心理学部 臨床心理学科/対人・社会心理学科	●
78	東京/埼玉	早稲田大学	教育学部 教育学専攻 教育心理学専修 初等教育学専攻/文学部 心理学コース/文化構想学部/人間科学部	●
79	東京	駒沢女子大学	人間総合学群 心理学類	●
80	東京	桜美林大学	リベラルアーツ学群 心理学専攻プログラム/健康福祉学群 実践心理学専攻	●
81	東京	白百合女子大学	人間総合学部 発達心理学科	●
82	東京	帝京大学	文学部 心理学科	●
83	東京	武蔵野大学	人間科学部 人間科学科	●
84	東京	明星大学	心理学部 心理学科	●
85	東京	和光大学	現代人間学部 心理教育学科 心理学専修	●
86	東京	杏林大学	保健学部 臨床心理学科	●

巻末資料

	都道府県名	学校名	研究科名など	大学院での開講
87	東京	創価大学	教育学部 教育学科	●
88	東京	白梅学園大学	子ども学部 発達臨床学科	
89	東京	東京未来大学	こども心理学部 こども心理学科 心理専攻／モチベーション行動科学部 モチベーション行動科学科	
90	神奈川	神奈川大学	人間科学部 人間科学科	●
91	神奈川	鎌倉女子大学	児童学部 子ども心理学科	●
92	神奈川	相模女子大学	人間社会学部 人間心理学科	
93	神奈川	東洋英和女学院大学	人間科学部 人間科学科	●
94	神奈川	田園調布学園大学	人間科学部 心理学科	●
95	新潟	新潟大学	人文学部／教育学部	●
96	新潟	上越教育大学	学校教育学部	●
97	新潟	新潟青陵大学	福祉心理子ども学部 臨床心理学科	●
98	新潟	新潟リハビリテーション大学	医療学部 リハビリテーション学科 リハビリテーション心理学専攻	●
99	富山	富山大学	人文学部 人文学科	●
100	石川	金沢大学	人間社会学域人文学類	●
101	石川	金沢工業大学	情報フロンティア学部 心理科学科	●
102	石川	北陸大学	国際コミュニケーション学部 心理社会学科	
103	石川	金沢学院大学	文学部 文学科 心理学専攻	●
104	石川	北陸学院大学	社会学部 社会学科	

	都道府県名	学校名	研究科名など	大学院での開講
105	福井	仁愛大学	人間学部 心理学科	●
106	山梨	山梨英和大学	人間文化学部 人間文化学科	●
107	長野	信州大学	教育学部 学校教育教員養成課程／ 人文学部 人文学科	●
108	長野	長野大学	社会福祉学部 社会福祉学科	
109	長野	清泉女学院大学	人間学部 心理コミュニケーション学科	
110	岐阜	岐阜大学	教育学部 学校教育教員養成課程 学校教育講座心理学コース	●
111	岐阜	岐阜聖徳学園大学	教育学部 学校教育課程	
112	岐阜	東海学院大学	人間関係学部 心理学科	●
113	静岡	静岡大学	人文社会科学部 社会学科	●
114	静岡	静岡福祉大学	社会福祉学部 福祉心理学科	
115	静岡	静岡英和学院大学	人間社会学部	
116	静岡	常葉大学	教育学部 心理教育学科	●
117	愛知	名古屋大学	教育学部	●
118	愛知	愛知教育大学	教育学部 教育支援専門職養成課程 心理コース	●
119	愛知	名古屋市立大学	人文社会学部 心理教育学科	●
120	愛知／ 愛媛	人間環境大学	心理学部 心理学科・犯罪心理学科／ 総合心理学部 総合心理学科	●
121	愛知	愛知みずほ大学	人間科学部 心身健康科学科 心理・カウンセリングコース	
122	愛知	愛知学院大学	心理学部 心理学科	●
123	愛知	金城学院大学	人間科学部 多元心理学科	●

	都道府県名	学校名	研究科名など	大学院での開講
124	愛知	椙山女学園大学	人間関係学部 心理学科	●
125	愛知	中京大学	心理学部 心理学科	●
126	愛知	同朋大学	社会福祉学部 社会福祉学科 社会福祉専攻	●
127	愛知	南山大学	人文学部 心理人間学科	
128	愛知	日本福祉大学	教育・心理学部 心理学科	●
129	愛知	名城大学	人間学部 人間学科	
130	愛知	東海学園大学	心理学部 心理学科	
131	愛知	愛知東邦大学	人間健康学部 人間健康学科	
132	愛知	愛知大学	文学部 心理学科	
133	愛知	中部大学	人文学部 心理学科	
134	愛知	愛知淑徳大学	心理学部 心理学科	●
135	三重	皇學館大学	文学部 コミュニケーション学科	
136	三重	鈴鹿医療科学大学	保健衛生学部 医療福祉学科	●
137	滋賀	聖泉大学	人間学部 人間心理学科	
138	京都	京都大学	教育学部／文学部／総合人間学部	●
139	京都	京都女子大学	発達教育学部 心理学科	●
140	京都	京都光華女子大学	健康科学部 心理学科	●
141	京都	京都橘大学	総合心理学部 総合心理学科	●
142	京都	同志社大学	心理学部	●

	都道府県名	学校名	研究科名など	大学院での開講
143	京都	京都ノートルダム女子大学	現代人間学部 心理学科	●
144	京都	花園大学	社会福祉学部 臨床心理学科	●
145	京都	佛教大学	教育学部 臨床心理学科	●
146	京都 (大阪)	立命館大学	総合心理学部 総合心理学科	●
147	京都	龍谷大学	心理学部	●
148	京都	京都先端科学大学	人文学部 心理学科	●
149	京都	京都文教大学	臨床心理学部 臨床心理学科	●
150	大阪	大阪大学	人間科学部 人間科学科	●
151	大阪	大阪教育大学	教育学部 教育協働学科 教育心理科学専攻	●
152	大阪	大阪公立大学	生活科学部 人間福祉学科 / 文学部 人間行動学科 心理学コース / 現代システム科学域 心理学類	●
153	大阪	大阪経済大学	人間科学部	●
154	大阪	相愛大学	人文学部 人文学科	
155	大阪	大阪樟蔭女子大学	学芸学部 心理学科	●
156	大阪	大阪大谷大学	人間社会学部 人間社会学科 心理コース	
157	大阪	追手門学院大学	心理学部 心理学科	●
158	大阪	関西大学	社会学部 社会学科 心理学専攻	●
159	大阪	近畿大学	総合社会学部 総合社会学科 心理系専攻	●
160	大阪	帝塚山学院大学	人間科学部 心理学科	●

	都道府県名	学校名	研究科名など	大学院での開講
161	大阪	梅花女子大学	心理こども学部 心理学科	●
162	大阪	大阪国際大学	人間科学部 心理コミュニケーション学科	
163	大阪	関西福祉科学大学	心理科学部 心理科学科／ 健康福祉学部 健康科学科	●
164	大阪	大阪人間科学大学	心理学部 心理学科	●
165	兵庫	神戸大学	国際人間科学部 発達コミュニティ学科	●
166	兵庫	甲南大学	全学部 全学科	
167	兵庫	甲南女子大学	人間科学部 心理学科	●
168	兵庫	神戸海星女子学院大学	現代人間学部 心理こども学科	
169	兵庫	神戸学院大学	心理学部 心理学科	●
170	兵庫	神戸松蔭女子学院大学	人間科学部 心理学科	●
171	兵庫	神戸親和大学	文学部 心理学科	●
172	兵庫	大手前大学	現代社会学部 現代社会学科	
173	兵庫	関西学院大学	文学部 総合心理科学科	●
174	兵庫	甲子園大学	心理学部 現代応用心理学科	●
175	兵庫	神戸女学院大学	人間科学部 心理・行動科学科	●
176	兵庫	武庫川女子大学	心理・社会福祉学部 心理学科	●
177	兵庫	関西国際大学	心理学部 心理学科	●
178	兵庫	神戸医療未来大学	人間社会学部 未来社会学科	
179	兵庫	神戸女子大学	心理学部 心理学科	

	都道府県名	学校名	研究科名など	大学院での開講
180	奈良	奈良女子大学	文学部 人間科学科／ 生活環境学部 心身健康学科	●
181	奈良	帝塚山大学	心理学部 心理学科	●
182	奈良	天理大学	人間学部 人間関係学科 臨床心理専攻	●
183	奈良	奈良大学	社会学部 心理学科	●
184	島根	島根大学	人間科学部 人間科学科	●
185	岡山	岡山大学	文学部 人文学科	●
186	岡山	吉備国際大学	人間科学部 人間科学科 心理学専攻	●
187	岡山	就実大学	教育学部 教育心理学科	●
188	岡山	川崎医療福祉大学	医療福祉学部 臨床心理学科	●
189	広島	広島大学	教育学部 第五類心理学系コース	●
190	広島	広島修道大学	健康科学部 心理学科	●
191	広島	広島文教大学	人間科学部 心理学科	●
192	広島	安田女子大学	心理学部 現代心理学科	●
193	広島	福山大学	人間文化学部 心理学科	●
194	広島	比治山大学	現代文化学部 社会臨床心理学科	●
195	広島	広島国際大学	心理学部 心理学科	●
196	山口	東亜大学	人間科学部 心理臨床・子ども学科 心理臨床コース	●
197	山口	宇部フロンティア大学	心理学部 心理学科	●
198	徳島	徳島大学	総合科学部 社会総合科学科	●

	都道府県名	学校名	研究科名など	大学院での開講
199	徳島	四国大学	生活科学部 人間生活科学科	
200	徳島	徳島文理大学	人間生活学部 心理学科	●
201	香川	香川大学	医学部 臨床心理学科	●
202	香川	四国学院大学	公認心理師プレコース	
203	愛媛	聖カタリナ大学	人間健康福祉学部 人間社会学科	
204	福岡	九州大学	教育学部	●
205	福岡	福岡県立大学	人間社会学部 人間形成学科	●
206	福岡	九州女子大学	人間科学部 心理・文化学科	
207	福岡	九州産業大学	人間科学部 臨床心理学科	●
208	福岡	久留米大学	文学部 心理学科	●
209	福岡	西南学院大学	人間科学部 心理学科	●
210	福岡	福岡大学	人文学部 教育・臨床心理学科	●
211	福岡	筑紫女学園大学	人間科学部 人間科学科 心理・社会福祉専攻心理コース	●
212	福岡	福岡女学院大学	人間関係学部 心理学科	●
213	佐賀	西九州大学	子ども学部 心理カウンセリング学科	●
214	長崎	長崎純心大学	人文学部 地域包括支援学科 心理学・カウンセリングコース/ソーシャルワークコース	●
215	熊本	熊本大学	文学部 総合人間学科/ 教育学部 学校教育教員養成課程	●
216	熊本	九州ルーテル学院大学	人文学部 心理臨床学科	●
217	大分	大分大学	福祉健康科学部 心理学コース	●

	都道府県名	学校名	研究科名など	大学院での開講
218	大分	別府大学	文学部 人間関係学科	●
219	宮崎	九州保健福祉大学	臨床心理学部 臨床心理学科	
220	鹿児島	鹿児島大学	法文学部 人文学科 心理学コース	●
221	鹿児島	志學館大学	人間関係学部 心理臨床学科 心理臨床実践コース	●
222	鹿児島	鹿児島純心大学	人間教育学部 教育・心理学科	●
223	沖縄	琉球大学	人文社会学部 人間社会学科 心理学プログラム	●
224	沖縄	沖縄国際大学	総合文化学部 人間福祉学科 心理カウンセリング専攻	●

公認心理師となるために必要な科目を開講する大学院一覧

※都道府県名は大学本部所在地を掲載　※（　）内の都道府県名は開講キャンパス

	都道府県名	学校名	研究科名など	大学での開講
1	北海道	北海道大学大学院	教育学院教育学専攻	●
2	北海道	札幌学院大学大学院	臨床心理学研究科 臨床心理学専攻	●
3	北海道	北星学園大学大学院	社会福祉学研究科 臨床心理学専攻	●
4	北海道	北海道医療大学大学院	心理科学研究科	●
5	北海道	札幌国際大学大学院	心理学研究科 臨床心理専攻	●
6	北海道	北翔大学大学院	人間福祉学研究科 臨床心理学専攻	●
7	青森	弘前大学大学院	保健学研究科 心理支援科学専攻	●
8	岩手	岩手大学大学院	総合科学研究科 地域創生専攻	●

	都道府県名	学校名	研究科名など	大学での開講
9	岩手	岩手県立大学大学院	社会福祉学研究科	●
10	宮城	東北大学大学院	教育学研究科 総合教育科学専攻	●
11	宮城	東北学院大学大学院	人間情報学研究科 人間情報学専攻	●
12	宮城	東北福祉大学大学院	総合福祉学研究科 福祉心理学専攻 臨床心理分野	●
13	宮城	尚絅学院大学大学院	総合人間科学研究科 心理学専攻	●
14	秋田	秋田大学大学院	教育学研究科 心理教育実践専攻	●
15	山形	山形大学大学院	社会文化創造研究科 社会文化創造専攻 臨床心理学コース	●
16	福島	福島大学大学院	地域デザイン科学研究科 人間文化専攻 人間発達心理コース臨床心理領域	●
17	福島	医療創生大学大学院	人文学研究科 臨床心理学専攻	●
18	福島	福島学院大学大学院	心理学研究科 臨床心理学専攻	●
19	茨城	茨城大学大学院	人文社会科学研究科 人文科学専攻 公認心理師コース	●
20	茨城	筑波大学大学院	人間総合科学学術院 心理学学位プログラム （博士前期課程）	●
21	茨城	茨城キリスト教大学大学院	生活科学研究科 心理学専攻	●
22	茨城	常磐大学大学院	人間科学研究科	●
23	栃木	作新学院大学大学院	心理学研究科	●
24	栃木 （東京）	国際医療福祉大学大学院	医療福祉学研究科 臨床心理学専攻	●
25	埼玉	埼玉学園大学大学院	心理学研究科 臨床心理学専攻	●
26	埼玉	人間総合科学大学大学院	人間総合科学研究科 臨床心理学専攻	
27	埼玉	東京国際大学大学院	臨床心理学研究科 臨床心理学専攻	●

	都道府県名	学校名	研究科名など	大学での開講
28	埼玉	埼玉工業大学大学院	人間社会研究科 心理学専攻	●
29	埼玉	駿河台大学大学院	心理学研究科 臨床心理学専攻	●
30	埼玉	聖学院大学大学院	心理福祉学研究科	●
31	千葉	淑徳大学大学院	総合福祉研究科	●
32	千葉	川村学園女子大学大学院	人文科学研究科 心理学専攻 臨床心理学領域	●
33	千葉	聖徳大学大学院	臨床心理学研究科 臨床心理学専攻	●
34	東京	東京大学大学院	教育学研究科 総合教育科学専攻 心身発達科学専修 臨床心理学コース	●
35	東京	お茶の水女子大学大学院	人間文化創成科学研究科 人間発達科学専攻 発達臨床心理学コース	●
36	東京	東京学芸大学大学院	教育学研究科 教育支援協働実践開発専攻 臨床心理学プログラム	●
37	東京	東京都立大学大学院	人文科学研究科 人間科学専攻 臨床心理学分野	●
38	東京 (群馬)	東京福祉大学大学院	心理学研究科 臨床心理学専攻 博士課程前期	●
39	東京 (埼玉)	跡見学園女子大学大学院	人文科学研究科 臨床心理学専攻	●
40	東京 (埼玉)	文教大学大学院	人間科学研究科 臨床心理学専攻	●
41	東京 (埼玉)	文京学院大学大学院	人間学研究科	●
42	東京	目白大学大学院	心理学研究科 臨床心理学専攻	●
43	東京	東京成徳大学大学院	心理学研究科 臨床心理学専攻	●
44	東京	帝京平成大学大学院	臨床心理学研究科 臨床心理学専攻	●
45	東京	青山学院大学大学院	教育人間科学研究科 心理学専攻	●
46	東京	大妻女子大学大学院	人間文化研究科 臨床心理学専攻	●

	都道府県名	学校名	研究科名など	大学での開講
47	東京	学習院大学大学院	人文科学研究科 臨床心理学専攻	●
48	東京 (神奈川)	北里大学大学院	医療系研究科 臨床心理学コース	●
49	東京	駒澤大学大学院	人文科学研究科 心理学専攻 臨床心理学コース	●
50	東京	上智大学大学院	総合人間科学研究科 心理学専攻	●
51	東京	昭和女子大学大学院	生活機構研究科 心理学専攻 臨床心理学講座	●
52	東京	聖心女子大学大学院	人文社会科学研究科 人間科学専攻	●
53	東京	専修大学大学院	文学研究科 心理学専攻	●
54	東京	大正大学大学院	人間学研究科 臨床心理学専攻	●
55	東京	中央大学大学院	文学研究科 心理学専攻 臨床心理学コース	
56	東京 (神奈川)	東海大学大学院	文学研究科 コミュニケーション学専攻 臨床心理学系	●
57	東京	東京家政大学大学院	人間生活学総合研究科 臨床心理学専攻	●
58	東京	東京女子大学大学院	人間科学研究科 人間社会科学専攻 博士前期課程臨床心理学分野	●
59	東京 (埼玉)	東洋大学大学院	総合情報学研究科 総合情報学専攻	●
60	東京	日本大学大学院	文学研究科 心理学専攻 臨床心理学コース／ 文学研究科 心理学専攻 博士前期課程心理科学コース	●
61	東京	日本女子大学大学院	人間社会研究科 心理学専攻	●
62	東京	ルーテル学院大学大学院	総合人間学研究科 臨床心理学専攻 ※2005年度以降の学生募集は停止	●
63	東京	法政大学大学院	人間社会研究科 臨床心理学専攻	●
64	東京	明治大学大学院	文学研究科 臨床人間学専攻 臨床心理学専修	●

	都道府県名	学校名	研究科名など	大学での開講
65	東京	明治学院大学大学院	心理学研究科 心理学専攻 臨床心理学コース	●
66	東京 (埼玉)	立教大学大学院	現代心理学研究科	●
67	東京	立正大学大学院	心理学研究科 臨床心理学専攻	●
68	東京/ 埼玉	早稲田大学大学院	教育学研究科 学校教育専攻 / 文学研究科 心理学コース/人間科学研究科	●
69	東京	駒沢女子大学大学院	人文科学研究科 臨床心理学専攻	●
70	東京	桜美林大学大学院	国際学術研究科 心理学実践研究学位プログラム	●
71	東京	白百合女子大学大学院	文学研究科 発達心理学専攻	●
72	東京	帝京大学大学院	文学研究科 心理学専攻 臨床心理学コース	●
73	東京	武蔵野大学大学院	人間社会研究科 人間学専攻 臨床心理学コース	●
74	東京	明星大学大学院	人文学研究科 心理学専攻	●
75	東京	和光大学大学院	社会文化総合研究科 心理学専攻	●
76	東京	杏林大学大学院	保健学研究科 臨床心理学専攻	●
77	東京	創価大学大学院	教育学研究科 教育学専攻 博士前期課程	●
78	神奈川	横浜国立大学大学院	教育学研究科 教育支援専攻 心理支援コース	
79	神奈川	神奈川大学大学院	人間科学研究科 人間科学専攻 臨床心理学研究領域	●
80	神奈川	鎌倉女子大学大学院	児童学研究科 児童学専攻	●
81	神奈川 (東京)	東洋英和女学院大学大学院	人間科学研究科 臨床心理学領域	●
82	神奈川	田園調布学園大学大学院	人間学研究科 心理学専攻	●
83	新潟	新潟大学大学院	現代社会文化研究科 現代文化専攻	●

	都道府県名	学校名	研究科名など	大学での開講
84	新潟	上越教育大学大学院	学校教育研究科	●
85	新潟	新潟青陵大学大学院	臨床心理学研究科	●
86	新潟	新潟リハビリテーション大学大学院	リハビリテーション研究科 リハビリテーション医療学専攻 心の健康科学コース	●
87	富山	富山大学大学院	人文社会芸術総合研究科 人文社会芸術総合専攻 心理学プログラム	●
88	石川	金沢大学大学院	人間社会環境研究科 人文学専攻 (博士前期課程)公認心理師養成プログラム	●
89	石川	金沢工業大学大学院	心理科学研究科 臨床心理学専攻	●
90	石川	金沢学院大学大学院	人文学研究科 心理学専攻	●
91	福井	仁愛大学大学院	人間学研究科 臨床心理学専攻	●
92	山梨	山梨英和大学大学院	人間文化研究科 臨床心理学専攻	●
93	長野	信州大学大学院	総合人文社会科学研究科 総合人文社会科学専攻	●
94	岐阜	岐阜大学大学院	教育学研究科	●
95	岐阜	東海学院大学大学院	人間関係学研究科 臨床心理学専攻	●
96	静岡	静岡大学大学院	人文社会科学研究科 臨床人間科学専攻 臨床心理学コース	●
97	静岡	常葉大学大学院	健康科学研究科 臨床心理学専攻	●
98	愛知	名古屋大学大学院	教育発達科学研究科	●
99	愛知	愛知教育大学大学院	教育学研究科 教育支援高度化専攻 臨床心理学コース	●
100	愛知	名古屋市立大学大学院	人間文化研究科 臨床心理コース	●
101	愛知	人間環境大学大学院	人間環境学研究科	●
102	愛知	愛知学院大学大学院	心身科学研究科 心理学専攻	●

	都道府県名	学校名	研究科名など	大学での開講
103	愛知	金城学院大学大学院	人間生活学研究科 人間発達学専攻	●
104	愛知	椙山女学園大学大学院	人間関係学研究科（臨床心理学領域）	●
105	愛知	中京大学大学院	心理学研究科 臨床・発達心理学専攻 博士前期課程 臨床心理学領域	●
106	愛知	同朋大学大学院	人間学研究科 仏教人間学専攻 臨床心理分野	●
107	愛知	日本福祉大学大学院	社会福祉学研究科 心理臨床専攻 修士課程	●
108	愛知	愛知淑徳大学大学院	心理医療科学研究科	●
109	三重	鈴鹿医療科学大学大学院	医療科学研究科 医療科学専攻 臨床心理学分野	●
110	京都	京都大学大学院	教育学研究科 教育学環専攻 / 人間・環境学研究科	●
111	京都	京都女子大学大学院	発達教育学研究科 心理学専攻	●
112	京都	京都光華女子大学大学院	心理学研究科 臨床心理学専攻	●
113	京都	京都橘大学大学院	健康科学研究科 健康科学専攻 臨床心理学コース	●
114	京都	同志社大学大学院	心理学研究科	●
115	京都	京都ノートルダム女子大学大学院	心理学研究科 臨床心理学専攻	●
116	京都	花園大学大学院	社会福祉学研究科 社会福祉学専攻 臨床心理学領域	●
117	京都	佛教大学大学院	教育学研究科 臨床心理学専攻（通学課程）/ 教育学研究科 臨床心理学専攻（通信教育課程）	●
118	京都 （大阪）	立命館大学大学院	人間科学研究科	●
119	京都	龍谷大学大学院	文学研究科 臨床心理学専攻	●
120	京都	京都先端科学大学大学院	人間文化研究科 人間文化専攻 臨床心理学コース	●
121	京都	京都文教大学大学院	臨床心理学研究科	●

	都道府県名	学校名	研究科名など	大学での開講
122	大阪	大阪大学大学院	人間科学研究科 人間科学専攻	●
123	大阪	大阪教育大学大学院	教育学研究科 高度教育支援開発専攻 心理・教育支援コース	●
124	大阪	大阪公立大学大学院	生活科学研究科 生活科学専攻 / 現代システム科学域現代システム科学専攻 認知行動科学分野・臨床心理学分野	●
125	大阪	大阪経済大学大学院	人間科学研究科 臨床心理学専攻	●
126	大阪	大阪樟蔭女子大学大学院	人間科学研究科 臨床心理学専攻	●
127	大阪	追手門学院大学大学院	心理学研究科 心理学専攻（博士前期課程）	●
128	大阪	関西大学大学院	心理学研究科 心理臨床学専攻	●
129	大阪	近畿大学大学院	総合文化研究科 心理学専攻 臨床心理学コース	●
130	大阪	帝塚山学院大学大学院	人間科学研究科 臨床心理学専攻	●
131	大阪	梅花女子大学大学院	現代人間学研究科 心理臨床学専攻	●
132	大阪	関西福祉科学大学大学院	社会福祉学研究科 心理臨床学専攻	●
133	大阪	大阪人間科学大学大学院	人間科学研究科	●
134	兵庫	神戸大学大学院	人間発達環境学研究科	●
135	兵庫	兵庫教育大学大学院	学校教育研究科 人間発達教育専攻 臨床心理学コース	
136	兵庫	甲南女子大学大学院	人文科学総合研究科 心理・教育学専攻	●
137	兵庫	神戸学院大学大学院	心理学研究科	●
138	兵庫	神戸松蔭女子学院大学大学院	文学研究科 心理学専攻	●
139	兵庫	神戸親和大学大学院	文学研究科 心理臨床学専攻	●

	都道府県名	学校名	研究科名など	大学での開講
140	兵庫	関西学院大学大学院	文学研究科	●
141	兵庫	甲子園大学大学院	心理学研究科 臨床心理学コース	●
142	兵庫	神戸女学院大学大学院	人間科学研究科	●
143	兵庫	武庫川女子大学大学院	文学研究科 臨床心理学専攻	●
144	兵庫	関西国際大学大学院	人間行動学研究科	●
145	奈良	奈良女子大学大学院	人間文化総合科学研究科 心身健康学専攻 臨床心理学コース／人間文化総合科学研究科 人間科学専攻 心理学コース	●
146	奈良	帝塚山大学大学院	心理科学研究科 心理科学専攻	●
147	奈良	天理大学大学院	臨床人間学研究科 臨床心理学専攻	●
148	奈良	奈良大学大学院	社会学研究科 社会学専攻 臨床心理学コース	●
149	鳥取	鳥取大学大学院	医学系研究科 臨床心理学専攻 修士課程	
150	島根	島根大学大学院	人間社会科学研究科 臨床心理学専攻	●
151	岡山	岡山大学大学院	社会文化科学研究科	●
152	岡山	吉備国際大学大学院	心理学研究科 心理学専攻 修士課程	●
153	岡山	ノートルダム清心女子大学大学院	人間生活研究科 人間発達学専攻 臨床心理学コース	
154	岡山	就実大学大学院	教育学研究科 教育学専攻 教育臨床心理学コース	●
155	岡山	川崎医療福祉大学大学院	医療福祉学研究科 臨床心理学専攻 （修士課程）	●
156	広島	広島大学大学院	人間社会科学研究科 人文社会科学専攻 心理学プログラム	●
157	広島	広島修道大学大学院	人文科学研究科 心理学専攻 臨床心理学領域	●

	都道府県名	学校名	研究科名など	大学での開講
158	広島	広島文教大学大学院	人間科学研究科 教育学専攻 臨床心理学コース	●
159	広島	安田女子大学大学院	教育学専攻 臨床心理学コース	●
160	広島	福山大学大学院	人間科学研究科	●
161	広島	比治山大学大学院	現代文化研究科 臨床心理学専攻	●
162	広島	広島国際大学大学院	心理科学研究科 実践臨床心理学専攻	●
163	山口	東亜大学大学院	総合学術研究科 臨床心理学専攻	●
164	山口	宇部フロンティア大学 大学院	人間科学研究科 臨床心理学専攻	●
165	徳島	徳島大学大学院	創成科学研究科 臨床心理学専攻	●
166	徳島	鳴門教育大学大学院	学校教育研究科	
167	徳島	徳島文理大学大学院	人間生活学研究科 博士前期課程心理学専攻	●
168	香川	香川大学大学院	医学系研究科 臨床心理学専攻	●
169	愛媛	愛媛大学大学院	教育学研究科 心理発達臨床専攻	
170	福岡	九州大学大学院	人間環境学	●
171	福岡	福岡県立大学大学院	人間社会学研究科 心理臨床専攻	●
172	福岡	九州産業大学大学院	国際文化研究科 国際文化専攻 臨床心理学研究分野	●
173	福岡	久留米大学大学院	心理学研究科	●
174	福岡	西南学院大学大学院	人間科学研究科 臨床心理学専攻	●
175	福岡	福岡大学大学院	人文科学研究科 教育・臨床心理専攻	●
176	福岡	筑紫女学園大学大学院	人間科学研究科 人間科学専攻 臨床心理学コース	●

	都道府県名	学校名	研究科名など	大学での開講
177	福岡	福岡女学院大学大学院	人文科学研究科 臨床心理学専攻	●
178	佐賀	西九州大学大学院	生活支援科学研究科 臨床心理学専攻	●
179	長崎	長崎純心大学大学院	人間文化研究科 人間文化専攻 臨床心理学分野	●
180	熊本	熊本大学大学院	社会文化科学教育部現代社会人間学専攻 公認心理師専門職コース	●
181	熊本	九州ルーテル学院大学大学院	人文学研究科 障害心理学専攻	●
182	大分	大分大学大学院	福祉健康科学研究科 福祉健康科学専攻 臨床心理学コース	●
183	大分	別府大学大学院	文学研究科 臨床心理学専攻	●
184	鹿児島	鹿児島大学大学院	臨床心理学研究科 臨床心理学専攻	●
185	鹿児島	志學館大学大学院	心理臨床学研究科 心理臨床学専攻	●
186	鹿児島	鹿児島純心大学大学院	人間科学研究科 心理臨床学専攻	●
187	沖縄	琉球大学大学院	地域共創研究科	●
188	沖縄	沖縄国際大学大学院	地域文化研究科 人間福祉専攻 臨床心理学領域	●

公認心理師となるために必要な科目を開講する専修学校の専門課程※

※学校教育法施行規則（昭和22年文部省令第11号）第155条第1項第5号に規定する文部科学大臣が指定するものに限る。

	都道府県名	学校名	課程名等
1	東京	東京福祉専門学校	社会福祉専門課程 心理カウンセラー科

※制度上、公認心理師を目指せるように設計されていますが、実習時間・実習先の確保や、大学院受験・公認心理師試験の受験資格取得のためのハードルは高いかもしれません。

指定大学院臨床心理学専攻（コース）一覧
第I種指定大学院（148校/修了後、直近の審査の受験可）

	都道府県名	種別	大学院名	研究科名	専攻名	領域（コース）名
1	北海道	国	北海道大学大学院	教育学院	教育学専攻	臨床心理学講座
2	北海道	私	札幌学院大学大学院	臨床心理学研究科	臨床心理学専攻	
3	北海道	私	札幌国際大学大学院	心理学研究科	臨床心理専攻	
4	北海道	私	北翔大学大学院	人間福祉学研究科	臨床心理学専攻	
5	岩手	国	岩手大学大学院	総合科学研究科	地域創生専攻	人間健康科学コース臨床心理学プログラム
6	宮城	国	東北大学大学院	教育学研究科	総合教育科学専攻	臨床心理学コース
7	宮城	私	尚絅学院大学大学院	総合人間科学研究科	心理学専攻	臨床心理学コース
8	宮城	私	東北福祉大学大学院	総合福祉学研究科	福祉心理学専攻	臨床心理学分野
9	秋田	国	秋田大学大学院	教育学研究科	心理教育実践専攻	心理教育実践コース（臨床心理学）
10	山形	国	山形大学大学院	社会文化創造研究科	社会文化創造専攻	臨床心理学コース
11	福島	国	福島大学大学院	地域デザイン科学研究科	人間文化専攻	人間発達心理コース 臨床心理領域
12	福島	私	医療創生大学大学院	人文学研究科	臨床心理学専攻	
13	福島	私	福島学院大学大学院	心理学研究科	臨床心理学専攻	
14	茨城	国	筑波大学大学院	人間総合科学学術院 人間総合科学研究群博士前期課程	心理学学位プログラム	心理臨床学サブプログラム
15	茨城	私	常磐大学大学院	人間科学研究科	人間科学専攻	臨床心理学領域
16	栃木	私	作新学院大学大学院	心理学研究科	臨床心理学専攻	

	都道府県名	種別	大学院名	研究科名	専攻名	領域（コース）名
17	群馬	私	東京福祉大学大学院	心理学研究科	臨床心理学専攻	臨床心理コース
18	埼玉	私	跡見学園女子大学大学院	人文科学研究科	臨床心理学専攻	
19	埼玉	私	埼玉学園大学大学院	心理学研究科	臨床心理学専攻	
20	埼玉	私	埼玉工業大学大学院	人間社会研究科	心理学専攻	臨床心理学教育研究分野
21	埼玉	私	駿河台大学大学院	心理学研究科	臨床心理学専攻	
22	埼玉	私	東京国際大学大学院	臨床心理学研究科	臨床心理学専攻	
23	埼玉	私	文教大学大学院	人間科学研究科	臨床心理学専攻	
24	埼玉	私	文京学院大学大学院	人間学研究科	心理学専攻	臨床心理学コース
25	埼玉	私	立教大学大学院	現代心理学研究科	臨床心理学専攻	
26	埼玉	私	早稲田大学大学院	人間科学研究科	人間科学専攻	臨床心理学研究領域
27	千葉	私	川村学園女子大学大学院	人文科学研究科	心理学専攻	臨床心理学領域
28	千葉	私	淑徳大学大学院	総合福祉研究科	心理学専攻	臨床心理学領域
29	千葉	私	聖徳大学大学院	臨床心理学研究科	臨床心理学専攻	
30	東京	国	お茶の水女子大学大学院	人間文化創成科学研究科	人間発達科学専攻	発達臨床心理学コース
31	東京	国	東京大学大学院	教育学研究科	総合教育科学専攻	心身発達科学専修臨床心理学コース
32	東京	私	青山学院大学大学院	教育人間科学研究科	心理学専攻	博士前期課程 臨床心理学コース
33	東京	私	桜美林大学大学院	国際学術研究科	心理学実践研究学位プログラム	臨床心理分野
34	東京	私	大妻女子大学大学院	人間文化研究科	臨床心理学専攻	
35	東京	私	学習院大学大学院	人文科学研究科	臨床心理学専攻	

	都道府県名	種別	大学院名	研究科名	専攻名	領域（コース）名
36	東京	私	国際医療福祉大学大学院	医療福祉学研究科	臨床心理学専攻	
37	東京	私	駒澤大学大学院	人文科学研究科	心理学専攻	臨床心理学コース
38	東京	私	駒沢女子大学大学院	人文科学研究科	臨床心理学専攻	
39	東京	私	上智大学大学院	総合人間科学研究科	心理学専攻	臨床心理学コース
40	東京	私	昭和女子大学大学院	生活機構研究科	心理学専攻	臨床心理学講座
41	東京	私	白百合女子大学大学院	文学研究科	発達心理学専攻	発達臨床心理学コース
42	東京	私	聖心女子大学大学院	人文社会科学研究科	人間科学専攻	臨床心理学研究領域
43	東京	私	創価大学大学院	文学研究科	教育学専攻	臨床心理学専修
44	東京	私	大正大学大学院	人間学研究科	臨床心理学専攻	
45	東京	私	帝京大学大学院	文学研究科	心理学専攻	臨床心理学コース
46	東京	私	東京家政大学大学院	人間生活学総合研究科	臨床心理学専攻	
47	東京	私	東京女子大学大学院	人間科学研究科	人間社会科学専攻	臨床心理学分野
48	東京	私	東京成徳大学大学院	心理学研究科	臨床心理学専攻	
49	東京	私	東洋英和女学院大学大学院	人間科学研究科	人間科学専攻	臨床心理学領域
50	東京	私	日本大学大学院	文学研究科	心理学専攻	臨床心理学コース
51	東京	私	日本女子大学大学院	人間社会研究科	心理学専攻	臨床心理学領域
52	東京	私	法政大学大学院	人間社会研究科	臨床心理学専攻	
53	東京	私	武蔵野大学大学院	人間社会研究科	人間学専攻	臨床心理学コース
54	東京	私	明治大学大学院	文学研究科	臨床人間学専攻	臨床心理学専修
55	東京	私	明治学院大学大学院	心理学研究科	心理学専攻	臨床心理学コース

	都道府県名	種別	大学院名	研究科名	専攻名	領域（コース）名
56	東京	私	明星大学大学院	心理学研究科	心理学専攻	臨床心理学コース
57	東京	私	目白大学大学院	心理学研究科	臨床心理学専攻	
58	東京	私	立正大学大学院	心理学研究科	臨床心理学専攻	
59	東京	私	ルーテル学院大学大学院	総合人間学研究科	臨床心理学専攻 ※2005年度以降の 学生募集は停止	
60	神奈川	私	神奈川大学大学院	人間科学研究科	人間科学専攻	臨床心理学研究領域
61	神奈川	私	北里大学大学院	医療系研究科	医科学専攻	臨床心理学コース
62	神奈川	私	専修大学大学院	文学研究科	心理学専攻	臨床心理学領域
63	神奈川	私	東海大学大学院	文学研究科	コミュニケーション学専攻	臨床心理学コース
64	新潟	国	上越教育大学大学院	学校教育研究科	教育支援高度化専攻	心理臨床研究コース
65	新潟	私	新潟青陵大学大学院	臨床心理学研究科	臨床心理学専攻	
66	石川	私	金沢工業大学大学院	心理科学研究科	臨床心理学専攻	
67	福井	私	仁愛大学大学院	人間学研究科	臨床心理学専攻	
68	山梨	私	山梨英和大学大学院	人間文化研究科	臨床心理学専攻	
69	長野	国	信州大学大学院	総合人文社会科学研究科	総合人文社会科学専攻	心理学分野臨床心理学コース
70	岐阜	国	岐阜大学大学院	教育学研究科	教育臨床心理学専攻	
71	岐阜	私	東海学院大学大学院	人間関係学研究科	臨床心理学専攻	
72	静岡	国	静岡大学大学院	人文社会科学研究科	臨床人間科学専攻	臨床心理学コース
73	静岡	私	常葉大学大学院	健康科学研究科	臨床心理学専攻	
74	愛知	国	愛知教育大学大学院	教育学研究科	教育支援高度化専攻	臨床心理学コース

	都道府県名	種別	大学院名	研究科名	専攻名	領域（コース）名
75	愛知	国	名古屋大学大学院	教育発達科学研究科	心理発達科学専攻	心理臨床科学領域
76	愛知	公	名古屋市立大学大学院	人間文化研究科	人間文化専攻	臨床心理コース
77	愛知	私	愛知学院大学大学院	心身科学研究科	心理学専攻	臨床心理学コース
78	愛知	私	愛知淑徳大学大学院	心理医療科学研究科	心理医療科学専攻	臨床心理学専修
79	愛知	私	金城学院大学大学院	人間生活学研究科	人間発達学専攻	臨床心理学分野
80	愛知	私	椙山女学園大学大学院	人間関係学研究科	人間関係学専攻	臨床心理学領域
81	愛知	私	中京大学大学院	心理学研究科	臨床・発達心理学専攻	臨床心理学領域
82	愛知	私	同朋大学大学院	人間学研究科	仏教人間学専攻	臨床心理分野
83	愛知	私	日本福祉大学大学院	社会福祉学研究科	心理臨床専攻	
84	愛知	私	人間環境大学大学院	人間環境学研究科	人間環境専攻	臨床心理研究指導分野
85	三重	私	鈴鹿医療科学大学大学院	医療科学研究科	医療科学専攻	臨床心理学分野
86	京都	国	京都大学大学院	教育学研究科	教育学環専攻	臨床心理学コース
87	京都	私	京都光華女子大学大学院	心理学研究科	臨床心理学専攻	
88	京都	私	京都先端科学大学大学院	人間文化研究科	人間文化専攻	臨床心理学コース
89	京都	私	京都橘大学大学院	健康科学研究科	健康科学専攻	臨床心理学コース
90	京都	私	京都ノートルダム女子大学大学院	心理学研究科	臨床心理学専攻	
91	京都	私	京都文教大学大学院	臨床心理学研究科	臨床心理学専攻	
92	京都	私	同志社大学大学院	心理学研究科	心理学専攻	臨床心理学コース
93	京都	私	花園大学大学院	社会福祉学研究科	社会福祉学専攻	臨床心理学領域

	都道府県名	種別	大学院名	研究科名	専攻名	領域 （コース）名
94	京都	私	佛教大学大学院	教育学研究科	臨床心理学専攻	
95	京都	私	龍谷大学大学院	文学研究科	臨床心理学専攻	
96	大阪	国	大阪大学大学院	人間科学研究科	人間科学専攻	臨床教育学講座 臨床心理学研究 分野
97	大阪	公	大阪公立大学 大学院	現代システム科学研究科	現代システム科学専攻	臨床心理学分野
98	大阪	私	追手門学院大学 大学院	心理学研究科	心理学専攻	臨床心理学コース
99	大阪	私	大阪経済大学 大学院	人間科学研究科	臨床心理学専攻	
100	大阪	私	大阪樟蔭女子大学 大学院	人間科学研究科	臨床心理学専攻	
101	大阪	私	近畿大学大学院	総合文化研究科	心理学専攻	臨床心理学コース
102	大阪	私	梅花女子大学 大学院	現代人間学研究科	心理臨床学専攻	
103	大阪	私	立命館大学大学院	人間科学研究科	人間科学専攻	臨床心理学領域
104	兵庫	国	神戸大学大学院	人間発達環境学研究科	人間発達専攻	臨床心理学コース
105	兵庫	国	兵庫教育大学 大学院	学校教育研究科	人間発達教育専攻	臨床心理学コース
106	兵庫	私	関西国際大学 大学院	人間行動学研究科	人間行動学専攻	臨床心理学コース
107	兵庫	私	甲子園大学大学院	心理学研究科	心理学専攻	臨床心理学コース
108	兵庫	私	甲南女子大学 大学院	人文科学総合研究科	心理・教育学専攻	臨床心理学コース
109	兵庫	私	神戸松蔭女子学院 大学大学院	文学研究科	心理学専攻	臨床心理学コース
110	兵庫	私	神戸女学院大学 大学院	人間科学研究科	人間科学専攻	臨床心理学分野
111	兵庫	私	神戸親和大学 大学院	文学研究科	心理臨床学専攻	
112	兵庫	私	武庫川女子大学 大学院	文学研究科	臨床心理学専攻	

	都道府県名	種別	大学院名	研究科名	専攻名	領域（コース）名
113	奈良	国	奈良女子大学大学院	人間文化総合科学研究科	心身健康学専攻	臨床心理学コース
114	奈良	私	帝塚山大学大学院	心理科学研究科	心理科学専攻	臨床心理学専修
115	奈良	私	天理大学大学院	臨床人間学研究科	臨床心理学専攻	
116	奈良	私	奈良大学大学院	社会学研究科	社会学専攻	臨床心理学コース
117	鳥取	国	鳥取大学大学院	医学系研究科	臨床心理学専攻	
118	島根	国	島根大学大学院	人間社会科学研究科	臨床心理学専攻	
119	岡山	国	岡山大学大学院	社会文化科学研究科	人間社会文化専攻	心理学講座臨床心理学分野
120	岡山	私	川崎医療福祉大学大学院	医療福祉学研究科	臨床心理学専攻	
121	岡山	私	就実大学大学院	教育学研究科	教育学専攻	教育臨床心理学コース
122	岡山	私	ノートルダム清心女子大学大学院	人間生活学研究科	人間発達学専攻	臨床心理学コース
123	広島	国	広島大学大学院	人間社会科学研究科	人文社会科学専攻	心理学プログラム臨床心理学実践・研究コース
124	広島	私	比治山大学大学院	現代文化研究科	臨床心理学専攻	
125	広島	私	広島修道大学大学院	人文科学研究科	心理学専攻	臨床心理学領域
126	広島	私	安田女子大学大学院	文学研究科	教育学専攻	臨床心理学コース
127	山口	国	山口大学大学院	教育学研究科	学校臨床心理学専攻	学校臨床心理学専修
128	山口	私	宇部フロンティア大学大学院	人間科学研究科	臨床心理学専攻	
129	山口	私	東亜大学大学院	総合学術研究科	臨床心理学専攻	
130	徳島	国	徳島大学大学院	創成科学研究科	臨床心理学専攻	
131	徳島	国	鳴門教育大学大学院	学校教育研究科	人間教育専攻	心理臨床コース臨床心理学領域

	都道府県名	種別	大学院名	研究科名	専攻名	領域（コース）名
132	徳島	私	徳島文理大学大学院	人間生活学研究科	心理学専攻	臨床心理学コース
133	香川	国	香川大学大学院	医学系研究科	臨床心理学専攻	
134	愛媛	国	愛媛大学大学院	教育学研究科	心理発達臨床専攻	臨床心理学領域
135	福岡	国	九州大学大学院	人間環境学府	人間共生システム専攻	臨床心理学指導・研究コース
136	福岡	公	福岡県立大学大学院	人間社会学研究科	心理臨床専攻	
137	福岡	私	九州産業大学大学院	国際文化研究科	国際文化専攻	臨床心理学研究分野
138	福岡	私	久留米大学大学院	心理学研究科	臨床心理学専攻	
139	福岡	私	西南学院大学大学院	人間科学研究科	臨床心理学専攻	
140	福岡	私	筑紫女学園大学大学院	人間科学研究科	人間科学専攻	臨床心理学コース
141	福岡	私	福岡大学大学院	人文科学研究科	教育・臨床心理専攻	臨床心理分野
142	福岡	私	福岡女学院大学大学院	人文科学研究科	臨床心理学専攻	
143	佐賀	私	西九州大学大学院	生活支援科学研究科	臨床心理学専攻	
144	大分	国	大分大学大学院	福祉健康科学研究科	福祉健康科学専攻	臨床心理学コース
145	大分	私	別府大学大学院	文学研究科	臨床心理学専攻	
146	鹿児島	私	鹿児島純心大学大学院	人間科学研究科	心理臨床学専攻	
147	鹿児島	私	志學館大学大学院	心理臨床学研究科	心理臨床学専攻	
148	沖縄	私	沖縄国際大学大学院	地域文化研究科	人間福祉専攻	臨床心理学領域

指定大学院臨床心理学専攻（コース）一覧
第2種指定大学院（8校/修了後、実務経験1年以上で受験可）

	所在県名	種別	大学院名	研究科名	専攻名	領域（コース）名
1	北海道	国	北海道教育大学大学院	教育学研究科	学校臨床心理専攻	
2	岩手	公	岩手県立大学大学院	社会福祉学研究科	社会福祉学専攻	臨床心理コース
3	千葉	特	放送大学大学院	文化科学研究科	文化科学専攻	臨床心理学プログラム
4	東京	国	東京学芸大学大学院	教育学研究科	教育支援協働実践開発専攻	臨床心理学プログラム
5	東京	公	東京都立大学大学院	人文科学研究科	人間科学専攻	臨床心理学分野
6	東京	私	中央大学大学院	文学研究科	心理学専攻	臨床心理学コース
7	新潟	国	新潟大学大学院	現代社会文化研究科	現代文化専攻	人間形成科学分野思想・心理科学コース臨床心理領域
8	沖縄	国	琉球大学大学院	地域共創研究科	地域共創専攻	臨床心理プログラム

臨床心理士養成のための専門職大学院（5校）

	所在県名	種別	大学院名	研究科名	専攻名	開校年度
1	福岡	国	九州大学大学院	人間環境学府	実践臨床心理学専攻（専門職学位課程）	平成17年（2005）4月
2	鹿児島	国	鹿児島大学大学院	臨床心理学研究科	臨床心理学専攻（専門職学位課程）	平成19年（2007）4月
3	広島	私	広島国際大学大学院	心理科学研究科	実践臨床心理学専攻（専門職学位課程）	平成19年（2007）4月
4	大阪	私	帝塚山学院大学大学院	人間科学研究科	臨床心理学専攻（専門職学位課程）	平成19年（2007）4月
5	東京	私	帝京平成大学大学院	臨床心理学研究科	臨床心理学専攻（専門職学位課程）	平成23年（2011）4月

注）九州大学大学院は第1種指定大学院も併設されている。ほか4校はいずれも第1種指定大学院より専門職大学院に移行したもの。

心理職の主な学会一覧

学会名

あ行

日本EMDR学会

日本LD学会

日本応用教育心理学会

日本応用心理学会

か行

日本カウンセリング学会

日本学生相談学会

日本家族療法学会

日本家族心理学会

日本学校心理学会

日本感情心理学会

日本基礎心理学会

日本キャリア・カウンセリング学会

日本キャリア教育学会

九州心理学会

日本教育心理学会

日本グループ・ダイナミックス学会

日本K-ABCアセスメント学会

日本芸術療法学会

日本健康心理学会

日本交通心理学会

日本行動科学学会

日本行動分析学会

日本公認心理師学会

日本交流分析学会

日本個人心理学会

日本コミュニティ心理学会

日本コラージュ療法学会

さ行

日本催眠医学心理学会

産業・組織心理学会

日本質的心理学会

日本児童青年精神医学会

日本社会心理学会

日本集団精神療法学会

日本小児心身医学会

日本小児精神神経学会

日本小児保健協会

日本自律訓練学会

日本心身医学会

日本心理学会

日本心理劇学会

日本心理療法統合学会

日本心理臨床学会

日本ストレス学会

日本ストレスマネジメント学会

日本精神衛生学会

日本精神神経学会

日本精神分析学会

日本青年心理学会

日本生理心理学会

た行

日本動物心理学会

日本特殊教育学会

日本トラウマティック・ストレス学会

な行

日本内観学会

日本乳幼児医学・心理学会

日本人間性心理学会

日本認知・行動療法学会

日本認知心理学会
日本認知療法・認知行動療法学会

は行

日本パーソナリティ心理学会
日本バイオフィードバック学会
日本箱庭療法学会
日本発達心理学会
日本犯罪学会
日本犯罪心理学会
日本ヒューマン・ケア心理学会
日本描画テスト・描画療法学会
日本福祉心理学会
日本ブリーフサイコセラピー学会
包括システムによる日本ロールシャッハ学会

ま行

日本マイクロカウンセリング学会
日本森田療法学会

や行

日本遊戯療法学会
日本ユング心理学会
日本ユング派分析家協会

ら行

日本リハビリテイション心理学会
日本理論心理学会
日本臨床催眠学会
日本臨床心理学会
日本臨床心理劇学会
日本臨床動作学会
日本ロールシャッハ学会

おわりに

心理カウンセラーという仕事、その未来

　この「おわりに」を読まれている方の中には、本書を全部読まれた方、一部を読まれた方、そして「はじめに」や「おわりに」を先に読まれている方など、いろいろな読み方をされている方がいらっしゃるでしょう（何を隠そう私も、本を読むときには「はじめに」と「おわりに」を先に読むタイプです）。

　この「はじめに」「おわりに」のところに書いてあるメッセージがある意味、私が本書の中で伝えたいエッセンスといえるのかもしれません。

　私自身もそうでしたが、みなさんは心理カウンセラーについて、以下のようなイメージを持ってはいないでしょうか？

　「数ヶ月か1〜2年学んだらできるようになる」
　「人の役に立てる」
　「手術とか特殊な技術で生殺与奪の権利をもたなくて、傾聴さえできればOK」
　「ゆったりした空気感の中で働くことができる」など。

　実際には心理カウンセラーはもっともっと奥深い仕事です。奥深くて何年何十年勉強してもし尽くせないようなものです。カウンセリングで人の役に立てるようになるには、かなり練習や実践が必要でもあります。

　心理カウンセラーは、手術のようにからだに直接メスを入れたりはしませんが、その用いる言葉は、ときには鋭利な刃物のようにクライエント（相談者）を傷つけてしまうこともあります。どれだけ有用なセラピー（心理療法）があっても、使いようによっては余計に苦しめてしまいかねません。セラピーの中で出すホームワーク（宿題）などについても、クライエントの方々が積極的に取り組んでいただけるとは限りません。心理カウンセラーがうまくクライエントと関係づくりができるか、タイミングがふさわしいかなどによって大きく左右されてきます。

　また、ゆったりした空気感の中で行われるカウンセリングもありますが、いろいろな背景の方、性格の方が来られるため、切迫感を感じることもあります。全てが閉ざされ守られたカウンセリングルームの中で行われるわけではなく、被災者支援や忙しい医療機関の中で緊急支援を行うことだってあるのです。

心理カウンセラーとはゆるい感じがする職業にも見えますが、そのいっぽうで上に書いたようにさまざまなことが起こる可能性があり、人の人生の質や方向性を変えたり、生死を左右したり、価値観などに触れるような重要な立ち位置を担う仕事といえると思います。このような人の人生に大きく影響を与え得る仕事は、怖い面もあり、また非常に尊いともいえるでしょう。

　私はこの仕事を子どもの頃から目指してきたわけでは全くありませんが、現在ではこの仕事に就いて良かったと思っていますし、ひとの心や人間関係というものは興味や好奇心をかきたて、決して尽きることのない、そして飽くことのないものだと感じています。この仕事に対して誇りを持って行っています。未だ解明されない、ずっと完全に解明されることがないだろうこころの仕組みや人間関係の相互作用に思いを馳せ、学び続け、研究し続けるということは、ある意味これ自体が生きがいのようにもなっています。

　本書を読まれたみなさんが、どのくらい心理カウンセラーに興味・関心をお持ちかは存じませんが、もし私たちの仲間として、心理カウンセラーを目指される場合には、ぜひ、倫理観を持ってともに学びともに歩み続けられたらと考えています。
　みなさんが資格を取得されたり、研修を受けられたり、学会に出席されたりする際に、いつかどこかでお会いできることを楽しみにしています。

2024年2月吉日
一般社団法人国際心理支援協会　浅井伸彦

●著者紹介

浅井 伸彦（あさい　のぶひこ）

一般社団法人国際心理支援協会 代表理事。株式会社Cutting edge代表取締役。MEDI心理カウンセリング東京／大阪 代表。公認心理師・臨床心理士。一般社団法人国際心理支援協会（公認心理師現任者講習会の実施主体のひとつ）を立ち上げ、心理職の認知度アップや心理学的知識の普及、心理職の力量の底上げ、国内の知見を海外へ発信したり、国外の知見を日本に広めるといった活動を行う。私設相談室MEDI心理カウンセリングを運営し、公認心理師・臨床心理士をはじめとした心理職など対人援助職向けの各種研修会も開催している。『あたらしい日本の心理療法』（遠見書房）、『はじめての家族療法：クライエントとその関係者を支援するすべての人へ』（北大路書房）、『あたらしいこころの国家資格「公認心理師」になるには』（秀和システム）など、共著、著書多数。

●監修者紹介

野田 哲朗（のだ　てつろう）

東布施野田クリニック理事長、院長。大阪人間科学大学特任教授。博士（医学）。精神科専門医。大阪医科薬科大学医学部卒業後、大阪医科薬科人学精神神経科教室に入局。以降、大阪府の精神保健福祉課長、大阪府立精神医療センターの医務局長などを務め、医療法人東布施野田クリニックの院長に就任。傍らで大学の教授も務め、書籍の執筆や監修なども行う。

●イラスト　さかい　みさき
●イラスト監修（P74）　土持　さやか（カウンセリングルームソイル）
●校正　聚珍社

心理カウンセラーになりたいあなたへ
仕事と資格がよくわかる本

| 発行日 | 2024年 3月19日 | 第1版第1刷 |
| | 2024年10月15日 | 第1版第2刷 |

著　者　一般社団法人国際心理支援協会
　　　　浅井　伸彦

発行者　斉藤　和邦
発行所　株式会社　秀和システム
　　　　〒135-0016
　　　　東京都江東区東陽2-4-2　新宮ビル2F
　　　　Tel 03-6264-3105（販売）Fax 03-6264-3094
印刷所　三松堂印刷株式会社　　　　Printed in Japan

ISBN978-4-7980-7188-6 C0030